江蘇地方文獻叢刊

橫山草堂叢書

陳慶年 編

開沙志（二）
遭亂紀略
焦東閣日記
億堂文鈔
橫山保石牘存
崇德窰捐牘存
佛地考證三種

⑤

廣陵書社

開沙志下卷目錄

君敏安錢公暨配陳孺人合葬墓誌銘

開沙志下卷

里人王錫極建之纂輯
里人丁時霈澍臣增修
里人王之瑚鐵崖删訂　門人吳興温睿臨鄰翼參校

總敘開沙滄桑變遷始末

余嘗覽開沙勝地滄桑變遷祖宗創業不能以遺子孫爲可歎也山區陸地一姓開基閱數百代大則成鎮小則成莊如大港之趙孩溪之胡苦竹之王黃墟之殷合族蕃庶田地連阡宅舍相傳百世不易非若沙區崩坍居室田産倏然而變倏然而遷聚散不常殊可虞已稽之郡邑舊志分區則自郊而甸分里則自甸而郊開沙藤料自十二區至十五區止地分四區兩都四十二里居民稠密而田土

廣闊有數十餘萬家宋明以來藤料爲波臣竊去長沙六十里廣三十里今僅十餘里則去三之二矣吾鄉之北祖舊萬壽倉下及下莊原各二三萬畝盡坍成江僅存圍南一隅耳今考錢洋東西傅家柳家諸圍大概可見卽知漢唐以前全盛盡在北圍也江都古揚子橋卽廣陵聽濤處儀眞卽古眞州上對金陵黃天蕩汪洋萬頃險不可渡眞州下接瓜步而無瓜洲使揚子橋過潤之西津渡相隔五十餘里風濤洶湧亦險而難涉矣按古之糧艘兩浙東西皆從孟瀆出口至開沙東泓沙名藤料蓬帆蘆席以藤札定最堅糧艘必從此處備置乃南北穿江三十餘里由大橋東閘游茫倒沙河以達東都卽隋宮往來必由此而渡北宋祥符開范公仲淹遊學南都寓開沙之大聖寺與主

僧宗印最密後知潤州爲之大闢寺基崇修一新庭前松柏公親手植載在裴公俊碑文前此梵宇琳宫巍然相望如中新之寶塔祖舊之彌陀前洋之九里萬壽之平王倉下之羅漢下莊之華嚴皆北坍南遷不知幾變更矣歷代碑記皆有可考予族自景陽公南渡常登焦巔遥望煙火萬家詢及白沙稱羡不已云此秦之武陵源也及拜觀文殿大學士賈相擅權知時事不可爲歸隱於開沙明季縣移柳家南圍考年未及四百歷一十七世四遷其地祖遺崩予族中分再遷三遷開復之後僅存基址今復坍没遂家業馮夷侵逼不能久傳深可傷悼閲吾沙人文風化里仁俗美洵不忍離棄云

丁澍臣誌節錄

歷代沿革

從來誌輿圖者一代改物隸屬旣殊稱名亦別故志有沿革吾鄉介在江心非郡非邑似不可以沿革言然漲坍不常滄桑屢變首尾廣狹且無定形又居南北之衝用兵之日寇爲民害其間或遷或避亦或時有三代秦漢不可考矣自吳以後所聞者悉誌於左

吳主亮城廣陵其時無瓜洲開沙在金山東北橫塞海門自京口西津渡北渡廣陵至揚子橋卽今之三汊河風帆往來約六十餘里江闊而險故魏主丕擊吳賦詩有長江天塹南北之語

前宋

武帝微時每至開沙新洲伐荻有大蛇數丈射之明日復

至聞杵臼聲見童子數人皆青衣擣藥問故曰我王爲劉寄奴所射合藥敷之耳帝曰王神何不殺之對曰寄奴王者不死叱之皆散後以此敷金瘡無不立愈本草藥名劉寄奴云

武帝自廣陵渡江王子疾駐蹕開沙及薨遂葬於此易名迎鑾鎮賜田千畝爲陵寢春秋祭掃錫名萬壽監莊植柏甚蕃惟陵上一株至明季世紀千年存有老幹開發新枝即知鄉有發科者及　國初遷海竟遭翦伐小沙有上膳院走馬隄飲馬池勝蹟亦以宋祖駐蹕而流傳也院有晉杏一株高百尺大數十圍今亦伐去

文帝元嘉二十八年分廣陵江都爲南兗州京口爲南徐州魏主燾南侵置行宮於瓜步山今在儀眞上流會兵欲渡江

不果大肆焚掠冬宋徙流民於瓜步

隋

煬帝幸江都宮人杭粉舟溺晾之於沙白練數十里迷樓相望遂名白沙春臨揚子津欲南渡會狂風怒浪拍天駭懼而止江名揚子始此

南宋

高宗南渡建炎元年幸江都置元帥府親閱水軍於鎮江遣韓世忠等拒守四年春兀朮寇眞州世忠以水師邀其歸路大戰黄天蕩敗走白沙遂爲南北戰爭之地民皆南徙遂分屯各將軍有傳家柳家王莊蕭沙官沙曹府馬沙姜府之異後和議成令民復業圍名今仍未改

明

至聞杵臼聲見童子數人皆青衣搗藥問故曰我王爲劉寄奴所射合藥敷之耳帝曰王神何不殺之對曰寄奴王者不死叱之皆散後以此敷金瘡無不立愈本草藥名劉寄奴云

武帝自廣陵渡江王子疾駐蹕開沙及薨遂葬於此易名迎鑾鎮賜田千畝爲陵寢春秋祭掃錫名萬壽監莊植柏甚蕃惟陵上一株至明季世紀千年存有老幹閒發新枝卽知鄉有發科者及 國初遷海竟遭翦伐小沙有上膳院走馬隄飲馬池勝蹟亦以宋祖駐蹕而流傳也院有晉杏一株高百尺大數十圍今亦伐去

文帝元嘉二十八年分廣陵江都爲南兗州京口爲南徐州魏主燾南侵置行宮於瓜步山今在儀眞上流會兵欲渡江

不果大肆焚掠冬宋徙流民於瓜步

隋

煬帝幸江都宮人杭粉舟溺晾之於沙白練數十里迷樓相望遂名白沙春臨揚子津欲南渡會狂風怒浪拍天駭懼而止（江名揚子始此）

南宋

高宗南渡建炎元年幸江都置元帥府親閱水軍於鎮江遣韓世忠等拒守四年春兀朮寇眞州世忠以水師邀其歸路大戰黃天蕩敗走白沙遂爲南北戰爭之地民皆南徙遂分屯各將軍有傳家柳家王莊蕭沙官沙曹府馬沙姜府之巽後和議成令民復業圍名今仍未改

明

成化間開沙藤料相隔水泓中有龍埂相接潮長水自南而北潮落水自北而南漁人隨潮以罾取魚其年水小龍脈築低從此兩開藤料不十年坍盡開沙曹府馬沙兩大圍盡崩入江而官沙僅存一半里人夜夢張禄丞相名苑雎囑燒土絡代懇　龍王其坍復漲遂建漲沙大王廟以酬功德嘉靖間復漲順江南新兩洲云

嘉靖三十五年倭寇江淮沙區百姓俱遭殺戮奔南北岸寇平始歸然房屋樹木尚未折伐

大清順治己亥有海寇之警十七年庚子　命大人蘇會同督撫將軍議清野凡在海島江心俱遷移內地開沙未及巡視經承誤指為圖關之外寥寥數十家遂例議遷至十八年辛丑督撫道府登沙見居民稠密煙火

萬家乃知地在圖闕以內緊傍京口又以議已定不敢
上請悔之莫及數千年之民居一炬而空號泣之聲徹
天磚瓦竹樹刼略盡矣至康熙九年庚戌十月始奉
旨復業蒙　皇恩免稅糧十載後因三藩逆　命
國用不足五年起徵迄今三十餘年水旱艱難且沙區
條糧加倍山區寓催科於撫字是在良司牧矣

賦役志

郡邑志載開沙在城東北二十里江中係十三區至十五
區二十都二十里緊接藤料沙係十二區二十一都二十
里是沙區四十里加以十圖有上中下圖之分故名四十
二里

明嘉靖年間藤料開沙衝坍爲二而藤料漸没於波臣今戶

口散寄於開沙及順江洲雖田土沒入下江而都圖見隸
版籍
皇清以前所徵條糧不必復註祇以遷復之後載在實徵者
開列於左
皇清二十二年會計冊
實在新陞沙潮田地蘆岸荒白山塘蕩灘　共一萬一千
四百一頃一十四畝六分三釐一毫
實在沙潮田　共計一千五百二十頃七十一畝八分二
釐九毫
每畝科本色麥三合五勺二抄八撮　共徵麥五百三十
五石六斗五升二合八勺四抄
每畝科本色米一斗四升二合七勺四抄四撮　共徵米

二千一百六十七石八斗三升九合
科漕贈五米六合三勺八抄四撮　共徵米九十七石四
斗二升二合　連五米每畝共一斗四升九合一勺
科漕贈十銀一分二釐七毫六絲　共徵銀一百九十兩
九錢八分二釐
科折色起存并本色料價銀八分五釐七毫　共徵銀一
萬三千三十二兩五錢五分六釐
科地畝徭里銀二分七釐六毫　共徵銀四百一十九兩
七錢一分八釐二毫
科存留錢六文四分二釐四毫　共徵錢九萬七千七百
八十二文
實在沙潮地三百四十六頃五十二畝一分六釐七毫

每畝升本色麥一合六勺七抄五撮　共徵本色麥六十
一石零九升八合
每畝科本色米一斗四升二合七勺四抄　共徵本色米
四百九十三石四斗三升七合三勺
科漕贈五米六合三勺八抄四撮　共徵本色米二十一
石八斗九升一合八抄
科漕贈十銀一分二釐八毫　共徵銀四十一兩九錢四
分六釐三毫
科折色起存并本色料價銀六分四釐　共徵銀二千二
百一十七兩七錢三分八釐
科地畝徭里銀一分三釐八毫　共徵銀四十七兩八錢
二分

科存留錢三文二分一釐　共徵錢一萬一千五十三文

實在山塘蕩灘二千五百九十五頃六十八畝七分四釐四毫糧田二十畝準一畝山田差田十畝準一畝山田

每畝科本色麥三勺五抄三撮

每畝科本色米七合一勺四抄

科漕贈五米三勺一抄九撮

科漕贈十銀六毫三絲

科折色起存并本色料價銀六釐四毫四絲

科地畝徭里銀二釐七毫五絲

科存留錢六分四釐二毫三絲

實在蘆埂岸地五十四頃三十七畝三分六釐糧田差田俱二畝準一畝

每畝科本色麥一合七勺六抄五撮
每畝科本色米七升一合三勺七抄一撮
科漕贈五米三合一勺九抄二撮
科漕贈十銀六釐三毫八絲
科折色起存并本色料價銀四分二釐八毫二絲
科地畝徭里銀一分三釐七毫八絲
科存留錢三分二分一釐二毫
實在本縣當差人丁四萬二千二百六十四丁每丁徵銀
一錢二分一釐八毫

蘆政

沙區四面環江常呑嚙於驚濤怒浪中故時長時坍一洲
出水勢豪宿猾睥睨其閒相爭不已甚至搆亡命挺戈矛

私鬬公關爭訟不輟不知雖屬江心南北本有定界金山南北之水至再興洲頭南水入清思江繞順江洲尾由圌山而下圌關以北係丹徒之滕料沙亦十九里而姜家司公署在上東北方是江都之畸沙七里北流遶預鳴洲及丁課駱家藍家至三江口嚮水套而東南漲歸南北漲歸北官府執此爲定案何至混爭至於滄桑更變旋坍旋漲即從原住之民告佃而奸豪不許越爭不特救小民身家亦且免官府之聽訐也至於五年一丈　朝廷原以升除甚易本以利民老岸不在清丈之例今經承一概丈之勒索常規向之利民者今反爲民厲矣是在官此土者不爲經承朦蔽爲民寬一分誅求則民受一分德惠甘棠遺愛民有不頌揚無已者哉

今將遷復大小沙順洲田蘆灘影粒額徵照縣志列後
畢府套田蘆地埂塘灘共一千七百二十畝一分六釐六毫
共徵銀一百一十一兩六錢六分六釐
孫林岸田埂蘆灘共四百九十五畝四分八釐三毫　共
徵銀三十四兩四錢三分
順沙洲蘆地泥灘水影共二百二十九畝　共徵銀五兩
三錢五分九釐六毫
補生洲田埂蘆灘水影下水影共五千五百七畝三分七
釐一毫　共徵銀一百七十八兩七錢八分八釐一毫
中興洲田蘆地草灘岸埂水塘共一千八百五十二畝六
分九釐　共徵銀一百二十五兩八分二釐
北生岸田地共二百九十八畝五分九釐六毫　共徵銀

二百一兩三錢八分七釐五毫　以上大沙

補惠洲田埂划共四百九十九畝二分六釐八毫　共徵

銀三十五兩九錢六分三釐

固沙洲田埂塘蘆地草灘共八百一十二畝七分三釐三

毫　共徵銀五十七兩三錢五分八釐六毫

守業洲田埂划草灘共二百二十畝二釐六毫　共徵銀

一十四兩五分一釐

草鞋夾田埂蘆地草泥灘共六百六十四畝七分一毫

共徵銀三十四兩六錢二分五釐

上伏新洲田蘆地草泥灘水影下水影共一千三百四十

九畝七分四釐七毫　共徵銀一十八兩三錢二分八

釐八毫

補額洲田划蘆地草泥灘水影共三千六百八十九畝八分四釐五毫　共徵銀四十兩三分四釐
順江洲田埂划共三千八十四畝一分七釐五毫　共徵銀二百一十五兩八錢五分四釐四毫
東興洲田埂塘蘆地草灘共七百九十七畝四分六釐四毫　共徵銀四十四兩六分五釐六毫
裕課洲田埂划泥灘水影共四百六十六畝四分八釐二毫　共徵銀一十六兩一錢四分二釐
復順新洲水影下水影共一千四百畝　共徵銀二兩二錢八分
補順洲泥灘水影下水影共五千四百畝　共徵銀一十四兩二錢五釐七毫

南耳洲泥灘水影共一千二百畝　共徵銀九兩六錢二分四釐

東成洲草泥灘水影共三千一十六畝　共徵銀一十五兩九錢五分四釐九毫

還原洲泥灘水影下水影共二千一百畝　共徵銀一十兩八錢

以上蘆課田地係大小沙順江洲共計　共徵蘆課銀一千一百八十六兩五錢八分

永定洲田埂塘水影共四千五百九十二畝九分四釐一毫　共徵粒銀三百四十八兩七錢一分

永定開洲田埂蘆草灘共一千六百三十二畝六分五釐五毫　共徵銀一百二十九兩五錢五分

永業中洲田埂蘆地泥灘共一千四百三畝七分五釐二

毫　共徵銀七十三兩三分九釐

實[illegible]中開洲田埂塘泥灘水影共九百九十六畝八分六

釐　共徵銀六十五兩五錢八分六釐

復原三案中興洲田蘆地埂塘共一千八百九十畝三分

九釐四毫　共徵銀一百五十四兩六錢六分五釐三

毫

大成洲田埂草泥灘水影共三千三百六十七畝四分

共徵銀八十一兩五錢一分八釐五毫

復勝洲田埂蘆草泥灘水影共六百九十畝九分三釐

共徵銀二十七兩五錢八分五毫

工部接新洲田埂蘆草泥灘水影下水影共四千一百六

十九畝三分一釐五毫　共徵銀五百六十兩九錢九
釐九毫
補課洲田埂蘆地塘水影共四百五十九畝六分　共徵
銀一十九兩三錢二釐七毫
新生蘆課洲田埂洋灘共八十八畝一分二釐五毫　共
徵銀六兩二錢六分一釐二毫
上補業洲蘆地泥灘水影共一百八十四畝九分四釐
共徵銀二兩三錢九分二釐九毫
下補業洲田地埂划草泥灘水影下水影共二千九百二
十二畝七分四釐一毫　共徵銀三十九兩二錢六分
六釐八毫
復生洲田埂蘆泥灘水影共七百一十二畝一分四釐一

毫　共徵銀二十兩四分四釐一毫
復興洲田埂蘆草地灘水影共三千一百五十七畝六釐
　共徵銀五十八兩二分三釐一毫
勝窰洲田埂泥灘水影共一千四百四十三畝八分三釐
　共徵銀二十四兩三分一釐一毫
永安粒洲田埂蘆灘共三百九十五畝五分　共徵銀二
　十二兩三錢三分一釐九毫
　以上籽粒共徵銀一千六百三十四兩二錢七分

繇役

有銀差力差之别至海忠介始一之而均徵於田曰條編然比歲以來開濬漕渠用民力不下數十萬是力征又在稅糧之外矣志繇役

明

正役　以一百一十戶爲里有里長十戶爲甲有甲長糧多者爲里長十年輪役一次以催辦錢糧追攝公事空役者謂之排年又選坊里中年高有德者爲老人給以教民榜文使之勸俗有總甲以巡察盜賊里長以經催條銀糧長以徵交二糧迄今仍行民甚稱便

雜役　即均徭舊法十年輪編則小民之役重難堪後每年均編則吏胥之輕重任意至隆慶三年巡撫海公總計役費均編田畝之內名曰條編迄今垂爲定例民甚便之

恤政

山區憂旱沙區憂澇災一也然旱災屢邀恤典而沙區水

災其不崩潰者多不敢呈報是以蠲恤之政未之及焉惟不由水旱而溥及者始得其餘澤載在邑志詳矣獨遷復以後蠲免爲沙民所被　特恩故志吾沙之恤政必自此始志恤政

康熙九年奉　旨復業憫沙民十載流離　特頒恩旨蠲免十年條糧嗣因軍興缺餉五年起徵待事平之日仍照十年補蠲煌煌　天語感沁民心是在當事之上籲矣

康熙二十三年　聖駕南巡詔免節年逋賦

康熙二十七年詔免條編銀十之七

康熙二十八年　聖駕南巡詔免節年逋賦

康熙二十八年撫院周具題奉　恩旨坍江田地著行豁

免
康熙三十三年奉 旨三十三年以前舊欠漕項蘆課錢
糧盡行蠲免
康熙三十四年 詔免秋糧十之七
康熙三十八年奉 旨將三十四五六三年錢糧盡行蠲
免
康熙四十一年 詔免條糧十分之七
康熙四十五年撫院于具題帶徵奉 旨四十三年以前
未完地丁南米著行蠲免
康熙四十六年于撫將漕項漕米疏請帶徵奉 旨著一
概豁免是年旱災徒邑報災七分十月奉 旨蘇松屬
被災二十五州縣四十七年南米地丁著行豁免舊欠

銀米俱著停征使一歲之內小民絶迹公庭庶閭閻日
臻豐裕
康熙四十七年御史鐵崖王公特疏題豁坍江援工部例
五年一丈隨坍隨除奉　旨依議部文行督撫仰縣清
查豁免

名蹟

開沙自遷徙之後名蹟百無一存所可傳者惟當日名人
韻士即景留題著爲詩文詞賦其坊表祠宇寺觀陵寢或
列其名或載其實不致湮没不彰云

開沙八景序

開沙之名其來久矣開闢以後有三山即有此沙粤隋唐
時地連南山厥後江水衝開遂有南泓之水故名沙去潤

城十里許在大江之中上接浮玉下抵圌山東距六十里
南北去三十里迴迴一百八十里轄二都四十二圖於其
中居民富庶讀書尙義仕宦人物項背相望廟宇寺觀橋
梁墳衍凡三十一所皆肇自唐宋非他洲比聞海上有十
洲若鳳若麟風景各異吾沙之致標奇挺秀未必遠遜也
第騷人墨客雖嘗遊覽未有領略而闡揚之者余生長於
斯歷履有素緣屢舉不第授教於陜孟之閒八年弘治庚
申丁內艱回復得遍覽因釐爲八景觸物感情各賦以詩
二三同社復賡和之以寫一時之興寄以侈吾沙之美觀
顧遣詞鄙拙謬不知非物議之來實誠在我
是歲三月戊申河南府孟津縣儒學教諭里人張玘公佩
氏謹述

開沙八景

隄柳垂金　村寺曉鐘　古柏凌寒　漁舟夜泊

汀洲落雁　古渡風帆　濤聲吼月　蘆溝清曉

隄柳垂金

弘治選貢張　玘

一隄嫩柳色輕黃，裊裊隨風拂短牆。細葉曾描梁苑畫，柔條猶帶漢宮妝。金絲數縷爭春媚，翠黛三眠喜日長。爲恨長亭攀送客，潛身沙渚伴幽篁。

和　成化貢吳　紳

十里柔條色乍黃，密垂隄畔影低昂。雨餘眼帶離人淚，風過腰翻舞妓妝。綠綫依依千縷細，金絲拂拂萬條長。分明占斷韶華景，不讓名園松與篁。

和　正德由郡庠入太學王　杲

東風吹轉鬱金黃十里曾歆宋玉牆煙縷未能消睡態露珠渾欲試啼妝春深色映釵鈿麗日晚香隨繡轂長客舍恐來人折損特培隄上傍幽篁

和　　應榮

柔條春早弄輕黃金縷絲絲嫩繞牆色借林鶯藏綠羽影迷仙杏匿紅妝畫橋煙淡春眠怯碧野風清午夢長延賞陌頭多逸興不須他館種新篁

村寺曉鐘　　蕭杲

上方清韻透煙霞一派修篁曉色嘉幾杵敲殘天放曙數聲響罷月籠沙醉魂覺處應辭酒吟夢清時欲沁茶卻憶衲衣能觀想不勞饒舌演三車

又　　萬厤　牟霞

晨鐘喚起半天霞野寺聲先十萬家響徹魚龍波浪闊驚飛鷗鷺水雲賒遥連仙梵浮滄海遠應漁歌度白沙數杵敲殘塵夢破輝輝曙色滿蒹葭

又　王起龍

亂鴉啼散月濛濛乍聽疎鐘隔水東豈是船來寒夜半卻疑銅隕蜀山中幾聲幻夢誰先覺數杵浮生慮已空此去諸天應不遠曙光湧出梵王宮

古柏凌寒　張玘

傲雪淩寒勁節堅蟠根墓上幾千年秋風鶻落霜枝杪月夜烏棲露葉邊鐵幹亭亭沖漢遠蒼鱗壘壘抱雲眠歲寒然後知操守萬木凋零孰與肩

又　沈蘭

老幹孤根鐵石堅風霜經履幾多年千尋翠黛參天半六月清陰蔭澤邊雨暗乍驚龍欲起月明曾借鶴來眠廟堂異日爲梁棟未許凡材與並肩

又　蕭杲

傲雪披風老更堅果誰手植不知年冰霜操久松筠並雨露恩深歲月縣枝秀慣陪孤鶴宿根盤疑是老龍眠廟堂材具非凡品閱盡人間幾歲寒

又　正德　陸景

歲寒雅操亦何堅百尺銅柯葢有年溜雨葉翻孤塚上摩空勢聳五雲邊蒼姿映月烏常集勁節凌霜鶴借眠南渡邱墟遺積恨朝家柱石屬誰肩

又　萬厤　唐文元

勁節丹心老益堅，霜含雪茹飽經年。孤標特立淸江上，貞幹長凝荒塚邊。東海久淹棲鶴迹，南陽終起伏龍眠。時人莫謾嗟凋謝，海架天檠屬比肩。

漁舟夜泊　張玘

日落江楓鳥倦歸，扁舟一葉泊漁磯。崖前弄笛蟾初下，澤畔收綸鷺正飛。沈醉臥時風習習，縱談起處屑霏霏。玄眞自是忘機客，蕉鹿從他是與非。

又　蕭杲

收拾綸竿棹艇歸，暝煙隱隱暗前磯。野心慣與江雲共，孤興長隨野鶴飛。村酒半酣偏醉月，蓑衣高掛久忘機。夢魂淸逸殊堪羨，不問長安是與非。

又　萬厤　王起龍

霜楓寂寞對寒江罷釣歸來月滿艭信宿不驚鷗汎汎答歌時雜水淙淙換回綠醆傾千斛掩映青蓑冷半航遥想雪苕張子宅荻花詩思在蓬窗

汀洲落雁　陳立

蘆荻秋深花亂飛成行雁字下斜暉天涯落寞悲何限草澤蒼茫路不迷曾向塞門傳遠信幾驚客路送征衣莫貪棲息終淹此漸進雲逵衆所依

又　蕭杲

風急江空結陣飛行行翻轉背斜暉心驚彈射魂猶怯影落汀洲思欲迷路迴不衰雲漢志天寒聊借芰荷衣漢廷繫帛功臣在好向麒麟閣上依

又　王起龍

江天書罷篆沙隄雁字參差問整齊帛寄林中曾繫足信
傳塞外已生羝哀聲叫破秋雲碧孤影飛來曉月西南望
瀟湘何絶跡琴音清怨不勝悽

古渡風帆　李懋

揚子江心地湧沙舟航競渡浪顛花問津共指石公渡訪
舊爭稱萬戶家春雨泛桃行處潤寒鴉點水望中賒幾番
借得東風力猶自歸來日未斜

又　萬曆　王孫雲

蒼蒼落日映寒沙風作江聲浪作花漁子綸竿聊卒歲舟
人胡越捷爲家須知世險川非甚悟得危平欹未賒從古
渡人還自渡怒濤不礙布帆斜

又　唐文元

萬里清江湧白沙蒼茫雲樹隱煙花地分南北天爲塹帆涉東西水是家廬外風波渾已習眼前湖海總非賒問津人點川光暝帶月歸來雁陣斜

濤聲吼月　唐文元

怒濤滾玉海東來恍惚孤蟾觸浪哀兔走水晶光掣電龍爭珠蚌響驚雷廣陵八月喧傳賦海上孤槎險溯洄怪殺封姨偏蕩漾嫦娥濯魄不須媒

又　王起龍

潮聲入夜吼如雷拍岸摧沙幾百迴亂擁江心山怒立濕飛空際雪成堆浪花噴月浮光碎鼉鼓掀風應漏催欲起枚生談七發觀瀾疑向廣陵來

盧溝清曉　王起龍

一泓寒玉浸蒹葭卜築伊人近水涯入畫淺灘迷釣艇傍詩曉月映蘆花微分旭影疎還密亂颭秋光整復斜折葦西來無限意海天寥闊望中賒

古柏凌寒　　崇禎　王錫命

荒陵古柏幾經年傲雪凌霜老益堅勁節祇堪松竹並貞心不逐歲時遷根盤江底通鰲極枝拂雲端借鶴眠閱盡人間炎冷態白沙喬木世相傳

又　　許山

蒼然孤挺昔人阡華表千年代幾遷盡歷興衰根已老幾經霜雪骨殊堅虬枝拔地風生籟偉幹參天鶴與旋古色照人應未滅不妨慧悟作枯禪

又　　王錫極

荒園宋栢幾千秋猶自昂然老一邱閱盡廢興徒有恨歷來冰雪未言愁虬姿落落貞誰敵勁骨峻峻傲不休雅操後凋眞足羨芳華先萎亦何柔

又　王錫元

鍾來靈氣足千秋植與潛龍表墓邱積久繁霜逾勵操遞遷世代不關愁盟偕松柏凋應後勢若虬蟠舞未休莫笑年來枝葉盡蒼然勁挺骨難柔

村寺曉鐘　王之瑚

村莊人靜掩柴扉蘭若疎鐘度翠微江上漁歌初喚起林間鳥夢忽驚飛明星幾點時當戶殘月半窗欲入幃隔岸數聲天漸曉不知何處叫催歸

古渡風帆　王之瑚

千頃蒼茫一葉舟問津人在上流頭潮平蘆荻灘前去日落垂楊岸底收帆影欲隨鷗上下波光半逐月沈浮歸來沽得城南酒又聽鐘聲起寺樓

汀洲宿雁　　王之瑚

踏遍天涯雪與霜遠沙漁火共蒼茫曉依孤嶂排雲起暮傍寒汀帶月翔路別有書來塞北峰高無夢到衡陽年來記得秋風蚤不待春歸又束裝

濤聲吼月　　王之瑚

何處轟雷動碧霄聽來不似海門潮風摶錦浪魚龍起月瀉銀河星斗搖隱約天邊浮鐵甕微茫波裏濯金焦廣陵夜半人爭渡畏向城頭問麗譙

隄柳垂金　　駱士鵬

江村何處不垂楊迴合青蔥自作行照水鬖鬖新葉小迎
風嫋嫋細條長修眉妬月爭隋豔舞態凌春賽漢妝怪煞
東皇偏獨巧參差金縷遍隄黃

古柏凌寒　駱士鵬

錦官新甫亦尋常鐵幹亭亭挺上方種邁六朝枝獨茁根
盤千載節彌光慣欺雨雪存孤操久試冰霜傲眾芳見說
空階清夜後曾棲雙鶴古椏旁

汀洲宿雁　駱士鵬

海天秋色共蒼涼陣陣賓鴻背早霜寒浦月歸多結隊芳
洲露宿自成行不隨鷗鷺終羈旅得倚蒹葭卽故鄉五夜
乍驚漁棹發草堂嘹嚦數聲長

濤聲吼月　駱士鵬

澎湃崩流繞白沙江天上下共無涯一輪冰鏡飜蛟窟千頃瓊濤蕩兔華響動碧空清露墜光搏玉渚白雲斜水犀何處徵將急好擬金聲竟夜譁

漁舟泊岸　駱士鵬

百尺澄潭野水西小船維纜薄長隄罾懸芳草歸雲暗帆掛垂楊落日低倚笛浩歌驚牧豎穿魚貫酒對山妻縱談起處江天迥獨狎沙鷗共止齊

古渡風帆　駱士鵬

揚子江分兩岸潮洪流十里望寥寥石公渡口歸帆急寶塔磯前去艇遥蘆荻有聲風下瀨水天無路月迴橈卬須我涉空勞賦來往憑虛不待招

隄柳垂金　丁時霈

幾樹鶯聲遶畫樓千條金縷弄輕柔當春不繫長門恨過雨時牵陌上愁舒眼乍眠枝未起侵衣欲染葉初稠風流亦有陶彭澤五柳成蹊一徑幽

古栢凌寒　丁時霈

百尺孤柯出梵林干霄氣色歷年深棲烏舊識盤根古掛劒猶知老幹森蒼翠迴逾松竹勁青葱不受雪霜侵歲寒無那堪持贈顧我初成白髮吟

村寺曉鐘　尹應鵬

古寺疏鐘出水涯凌空敲徹半天霞曉風金帳醒殘夢落月喬林動早鴉響入三千塵世界聲傳十萬野人家草堂晴旭多朝爽顛倒衣裳自課花

蘆溝清曉　王廷本

深滄幾曲碧潾潾兩岸蒼葭露色新海曙乍生開昧爽晨
星初散落漣淪波心鴛鷺依違見水外人家隱約親比似
五湖殊未遠乾坤何地不迷津

隄柳垂金　錢如錫

江天岸柳葉萋萋萬縷低垂一望迷鎮日三眠思漢苑迎
春十里憶隋隄燕裁鐵翦絲難短鶯織金梭色更齊攜得
雙柑來樹下鍼詩人醉夕陽西

古渡風帆　錢如錫

獅象猙獰踞海門風帆來往接江村朝浮翠霧山明滅暮
泛金波月吐吞逝水悠悠知化本長流浩浩得詞源一葦
攬盡江天景古渡於今勝地存

古栢凌霄　朱羽明

白沙風景果稱奇古栢淩霄罕有之聳撥煙雲扶日月勁衝風雨礙龍螭根盤鼉窟經千載幹捧蟾宮有一枝曾憶昔年猶一見而今惆悵客題詩

古渡風帆　朱霖沛

白沙風景豈尋常萬頃江波繞石牀紅蓼灘頭開古渡綠楊隄畔繫新航雲晴帆影隨潮遠日暮人歸競渡忙瞬息一葦村肆近各攜相識醉斜陽

平沙落雁　朱霖沛

白沙風景最幽清江渚無塵落雁輕何處寄書堪繫足誰家歸夢憶南征同聲同和如夫婦相倚相隨若弟兄忽被雲帆驚宿羽一行斜起蓼花汀

五月菊花　朱羽明

白沙風景實堪誇五月村村有菊花欲與錦榴同照眼不隨霜葉待停車恐傷玉露辭陶徑爲愛薰風仰舜華誰謂東籬多隱逸爭先出色種□□

附紀恩詩

戊子二月十三日

御賜人參恭紀二首　　臣王之瑚

神草延年賜玉珂瑤函齊捧自鑾坡三椏異種人間少五葉仙苗日下多　詔出龍樓團紫蓋恩流鳳沼湛金波叨陪侍從輝光遍擬祝堯年一和歌

昨夜搖光映紫薇　九重珍賜下黄扉纔須近侍螭頭立卻寄巖疆馬上飛雲物護來傳自異山河結處見常稀爭將益壽延年種攜共鑪煙兩袖歸

開沙八景始於張玘然唐宋而還及成弘以後多有名人佳製不能悉載因取有切於開沙情景者附錄以備觀覽

與陸東海焦山遊懷　　齊 江淹

杳杳長役思思來使情濃怲悒光氛度藉蕙望春紅青莎被海月采華冒水松輕氣曖長岳雄虹赫遠峯日暮晻藹合參差彩雲重承願白沙渚遊衍遂相從丹山有琴瑟不爲憂傷容

江中對月　　唐 劉長卿

空洲夕煙斂對月秋江裏歷歷沙上人月明孤渡水

曉泊聞角　　劉禹錫

孤城吹角水茫茫風引胡笳怨更長驚起暮天沙上雁海門斜去兩三行

海門看潮　王福隆

八月潮聲吼地來頭高數丈觸山回須臾卻入海門去捲起銀沙作雪堆

江上　宋　蘇庠

沙晚水痕碧蕭蕭蒲蕩秋鴻飛遵遠渚木落見滄洲籐杖吟還倚風簾醉不收有懷誰與晤瞑色起林邱

宿郭元德別業　元　楊如山

二十年來此約違勝遊今日坐忘歸兩江流水平沙斷百里長隄萬柳圍沃衍人方資地利深情吾亦愛漁磯滄浪滾滾東連海爲障狂瀾是化機

過通眞觀　明　朱宇

揚子江頭春水漲通眞觀裏碧桃開道人不問天南北夜

半月高騎鶴來

送少府王時濟入覲　吳敬

歲晏之京奈別何送行車馬不勝多兩行竹馬欄街舞一曲驪駒對酒歌驛路朔風揚去旆天門香霧擁鳴珂我皇撫運新朝會佇沐恩榮出鳳坡

賀蕭彥明鄉薦　楊一清

京府秋風聽鹿鳴皎然玉樹照人清三千士已推先輩二十年曾負盛名且喜故鄉多舉子更誇同榜得門生許完孫方春闈亦是探囊物方信龍頭屬老成

又　丁璣

報道秋風老桂花便隨秋色到天涯腰間久挾吳剛斧世上新驚博望槎鄉里一經原有授師生同榜更堪誇明年

二月傳臚後共向瓊林醉日斜

送彥明北上　　　韋　椿

人物東南第一流文瀾疊湧大江秋珊瑚出海驚羣怪天馬行空隘九州歐錦定應隨手得鳳城豈特看花遊春闈大展舒懷抱次第敷陳對玉旒

燕京弔文丞相　　　蕭　泉

堂堂宋室老孤臣羈旅燕臺此念眞運退有心扶趙祚勢衰無力掃胡塵從容就死衷腸斷慷慨如生道義殉柴市夕陽煙柳外數聲啼鳥自殘春

輓易洞先生　　　靳　貴

華嶽中峰一夕摧南徐衿佩又誰依行藏空載伊川易笑語寧聞坡老詩眞隱何曾違梓里拜官原不待楓墀江流

絕似諸生淚愁繞孤山鶴唳時

中秋賞月與王汝楫話舊　楊一清

一別羲之今六年西樓南望月虛圓如何酌酒論文興長隔江東薊北天老去幾回逢舊侶醉來還喜似初筵白頭潦倒知何用莫怪南歸興轉偏

送彥明出福安　蔡欽

出宰正當文獻地救時原是濟川材素琴一鼓新聲別美錦初裁舊製回秋水載將恩澤去南風傳得好音來不須久坐甘棠下便引清風到栢臺

七月三十日水災紀異　楊一清

嘉靖之元壬午歲維月建申日已巳蜚廉怒號東北來急雨猛厲隨風至初疑蛟龍吼互壑復訝雷霆鬬平地轟轟

隧隧坤軸動恍惚神靈驅百魅浪花千疊大如山震走吳天奔贔屭江翻見底石露根屋廬在田魚入市大木千尋如拔毛萬瓦飄揚如蝶翅南艘北艦一時仆未論千金輕委棄漂屍積齒塞川澗過者不敢張目視夜半潮頭高數丈遠近呼噪聲騰沸江南老岸猶自可哀此沙鄉禍尤熾死者滅没隨洪濤生者攀緣繫高樹廩無遺粟竈無煙村雞不鳴犬不吠我來扶病坐復興達旦徬徨不能寐耳目所及已如此比邑殘傷將類是杞人憂過翻自嗤夸父狂逐終徒斃新皇御極海宇清顧遣和風成災沴洪範應徵須省念此變毋乃臣工致人可勝天理則然爲代民謠聊紀異

勘洲至沙偶成　林華

綠水青山帶白沙小舟行傍野人家竹因有主竿竿護柳爲無牆處處遮江鳥浪銜千點亂酒旗風颭一帘斜老農愁殺連朝雨蠶未抽絲麥正花

送郡守申紫陽擢河南僉憲　丁邦寍

島夷消息正紛紛坐鎮江城賴使君一旦雲霄來錫命三山冠蓋惜離羣循良舊績吳門見經略先聲洛浦聞南北路分天塹闊祖筵惆悵對斜曛

龍門篇 指石牌山　丁邦寍

君不見龍門須洞吞滄溟波濤振激春雷鳴長鯨巨蟒礙溪壑一經此地身崢嶸帝憂湍水奔莫禦亟命五丁擘砥柱巉巖萃嵂橫中流力障狂瀾挽東注東注中流勢不窮斷崖奔峭隱龍宮鰲峰面面開青嶂雁塔層層聳碧空紺

殿珠林影相蕩漁舠野艇誰能通吁嗟神物多變化頃刻
升沈天上下能驅雲霧滿千山能鼓雷霆徧中夏能噓涼
氣掃炎蒸能降甘霖作禾稼劃然歛迹歸冥冥長空萬里
回新晴海若來潮不敢沒馮夷悚懼遥相迎豈許黿鼉伺
閒隙豈許鰍鱔恣横行有時神魚當奮躍造物分明借頭
角蛟龍應龍見在田若蟠若螭從此擢巨者超騰攝百川
細亦勿使淪深淵揚鬐吐沫何盤旋乘風駕浪同登仙復
有潛鱗狀如阜運阻通津不能渡蹭蹬將逾四十秋豪雄
尚種雲霄路天高地迥望無垠潮湧龍門江未深未遂昂
藏淩紫極空臥秋潭聞嘯吟

輓錢節婦　　蕭佐

阿姊孀居五十春忽聞疾逝淚沾巾青年泣對孤鸞影白

首能明寡鵠身翦髮不辭延上客栢舟遽矢未亡人完名
全節關倫紀振起頹風萬古新

異災歎　　　　　　　　　鄭之尹

皇膺澆九幕帝居新鼎奕降割乃朱方蒸民獨無粒旱魃
四野枯飛蝗蔽天日迴風舞濃雲對面了不識蒼雲亙百
里天地亦慘戚少婦負子逃老嫗持竿泣丁男歧陌馳哀
翁頫腰拾童子鳴金呼淚汗兩橫漬選草燻高煙與衣賽
神劇凌午炎火雲薄暮幸沾濕颶風挾阿香郊原陡沈溺
飄屋如飄瓦浮屍等閒積壯力巢樹顛樹拔人并失萬斛
碎若紛怒濤滾巨石僅餘竹與蘆蝗得嚙其實江田方舟
行山畝燎焚赤災民控官府城市盡填斥負蝗告鐲賑此
詞日盈尺陽城心未勞鄭俠繪難悉敢諉天流行小臣自

不職蝗何吸民脂邑令肉可食邗溝多揭竿沙村綠林集
水旱憂堯湯旄頭幾時寂國賦何容逋民窮更宜恤冀邀
當道憐穎禿聲亦灕九閽如可聞雲漢頁足繹

丁卯歲紀荒　王起龍

雪花夾雨廿旬多束手無聊奈若何正月繁霜難再讀三
星在罶幾曾過室家罄矣誰堪訴囊橐蕭然祗浩歌壯士
於今刖顏色蒼穹底事恁多磨

石麥二瑞上鄭邑侯　唐文元

朱方本巖邑在昔隸勾吳江設天塹險地當津要遂風塵
走輪蹄波濤驅舟艫昔也沮洳場今亦半萊污頻年羅災
告蝗魃水疫俱嗟此涸轍鱗而猶困征輸炊珠爨薪桂糜
草及樹膚道殣卒相望肌腊成偏枯我公實鄭僑疾痛由

己驅悉意重撫循亟拯延醫盧精禱格上穹下彼雲中夫
指示圖嶠石與衆共飧餔一食三月久萬口騰歡呼不有
囘天力焉致饑魂蘇羣牧覲新后舉各陳績殊乃公執謙
默不以聞天都及茲春風中翩翩返仙舄勤修閭里野惠
政敷蒲蘆時彝秀兩岐嘉祥與古符更易凶爲稔適章德
不孤野人陳鄙頌欲勒雙瑞圖列之三山巔休聲永不徂

白石謠　王錫極

君不見去年封姨惡怒激海濤蕩籬落又不見今春積陰
多狂霜鼓雪舞婆娑水殺田禾粒已絶雪壓茅簷復不輒
典衣易粟曾幾何草心剝盡餐榆屑租男鬻女僅完官吏
怒胥呼不肯寬忍死塡溝壑暴骨慘不堪圖山之椒饒白
石白石可愛不可食向隅飲泣且奈何自分一死無他策

山神爲人告白石亦可餐飢民爭取歸虀粉立成國富或嘗試難下咽飢則果腹等禪悅不是神明憐倒懸刹那倫類將恐滅我聞此語頻歎息古有煮石神仙術未聞飯食療飢腸絕處逢生救人急救荒詎無策封廩不一開巖巖爾石媿彼栢臺嗟乎汲黯富弼去已久白石之功誠不朽

滔天行　潘一桂

田夫捧土遮殘洫桔槔聲息町畦出一丸毒日烘兩肩三尺荒泥嚙雙膝六月稻種斗一千賣兒買種不怨天忍死相捐兩弗活不然槁死窮簷前江城一片高低哭地軸再翻天再覆揚子之水縱橫飛濁浪黃流敗新穀波濤走陸翻地車空桑之里龍蛇居辛勤空竭十指力潑刺贏得千頭魚攜魚納官官不收赤荆大捧聲如彪一歲再耕不得

食不救忍復相誅求萑苻白日入都市陰風堅凝亂所始虎豹當關閽九重安得箋天叩天耳

過羅漢寺　丁邦寧

空王江上宅碧樹倚雲栽客爲題詩過僧緣募食回煙霞棲福地花木隱香臺欲會無生偈菩提安在哉

遲友過草堂不至　杜傑

佳人不我至消息但虛傳已下迎徐榻寧迴訪戴船水蓉呈晚豔霜菊弄秋妍此景誰堪略猶餘沽酒錢

秋霖歎　鄔佐卿

皇帝御極秋五載兩年大水田爲海曾聞東海亦揚塵何必桑田當不改魚蝦爲飯屋爲薪官糧稍緩官長嗔攜妻挈子無人售簌簌淚下沾衣襟今年五月麥將熟田家欣

欣動顔色那知風雨彌四旬爛死田中收不得八月九月稻始黄舊雨重來不可當日夜蕭蕭滴不歇生耳禾頭青漸長出門借貸逸逋責相逢盡是窮愁客但得升斗足完官一身餓死何足惜薊遼閩越未休兵軍儲百萬東南征百姓飢餓死欲盡明年有田誰與耕

天雄寒食思鄉　李蔚

五鹿墟頭遂禁煙江南此際正喧闐芳郊麗服修佳禊綠水青驄試錦韉柳院笙歌停蹴踘杏村風雨掛鞦韆鄰家未忍分薪火正值歸途客思然

同賈魯泉遊大聖寺　丁文盛

寺古松林秀林深鸛鶴棲名流逢賈島風景識曹溪爲話三生事因知萬劫迷何時脫塵網來此晤菩提

雁字　　李蔚

寒羣疑向墨池棲勢若迴鸞拂曉低恍惚風前三體變依稀雲外六書齊揮毫醉筆神逾王攜手玄亭路不迷叫斷南樓荆浦月聲聲如弔庾安西

其二

湖南塞北別經年寫恨長空數字傳蒼羽欲沾楓葉淚霜毫誰染菊花天驚飛遺迹留寒渚遠逝纖行入暮煙得趣繩牀堪自笑一羣風颭醉張顛

寄玄豹李明府　　陳汞年

雲緘迢遞雁銜來一笑青山眼倦開共羨公門盡桃李誰憐荒徑半莓苔九重已下留賢詔萬戶欣傳借寇才莫謂羅浮遠天上也應早寄一枝梅

和盧鏜題塔韻　嚴灝

巍巍聳起碧峰頭砥柱長江萬里流乍擬巨靈伸一臂恍聞仙子囀歌喉神光普照鯨波遠佛力潛消蜃閣浮自此文風新挺秀天開勝境為人留

贈徒南上人　周宗一

飛錫江天結法壇禪關深鎖幾炎寒眼前色相皆非我紙上機緣不用看九載鼻宗歸面壁一生公案了蒲團自慚半世徒塵縛覺路披尋亦自難

曉窗圖旭　國朝　王錫命

望裏圖峰障海門晴暉浮動日初暾殿開蜃蜿當危巘照破蒼茫映遠村霞綺乍明嵐有色煙光欲盡石無痕何須更著東山屐坐對巖巖道氣存

桃霞映夕　王錫元

天桃綻錦露春工灼灼明霞樹樹紅染得襟衫披夕照點將腮頰笑春風晴虹映彩垂丹渚皓月分妍麗碧空疑是武陵芳豔處花迎醉眼望無窮

菊露先秋　王錫極

不須風雨近重陽菊有疎花已綻黃素具幽貞殘衆卉節逢炎暑自孤芳秋光先逗情宜酒烈性猶疑面待霜若使淵明當此際只應高臥傲羲皇

蒼山雪霽　王錫極

門對青山戶半扃遙看凍雪映疎櫺霏霏是玉投青几燦燦如銀列翠屏高臥有人寒徹骨孤吟此際曲堪聽一牀書史寥寥甚載酒伊誰過草亭

晴江晚望　丁時霈

雨霽天高旭日清環沙百里景分明幾重煙鎖圖峰塔萬頃雲開鐵甕城蜃市漸消江國靜鯨波初定釣舟輕滄桑風月依然在還向魚樵問舊盟

和　尹應鵬

一望煙開天水清和風淡蕩日初明遥聞鐘度金山寺最喜烽消鐵甕城村樹蒼茫依浦遠漁舟上下逐波輕六朝霸氣東流盡誰向興亡定主盟

喜侍御王鐵崖先生歸里　尹應鵬

江上欣傳御史歸錦帆驄馬望皆非當年琴鶴隨猶累此日松筠伴不違疏活窮民宣
聖澤塋安吉地會天機故人寒臥艱趨候容待春和仰德輝

桃岸蒸霞　丁時霈

夭桃萬樹鎖春嬌霞映長隄似六橋玉洞朝飛虹氣壯赤城暮捲彩雲遥豔侵柳幕煙俱紫影映晴川碧亦銷我欲攜樽長過此武陵深處泛詩瓢

秋潮夜泛　丁時霈

月上潮平夜正秋片帆衝路下汀洲棹從冰鏡圖中入人向瑶天空際遊鴻雁一聲煙漠漠漁歌幾處水悠悠擎杯酣飲蘋蓼外醉臥滄江狎野鷗

江天映雪　丁時霈

漠漠長空散六花江天高下碧無涯依稀玉海雲迷岫彷彿芝田月映沙瑶島何人通鶴駕銀河擬自泛星槎莫言故國經凋卻封素於今有萬家

滄江煙雨　王宗斌

長空蕭瑟鎖重陰寒逼疎林晚氣侵遥望三山煙水合近看兩岸雨雲沈人閒波浪連天地江上漁樵自古今頃刻齊開壓盡洗山川變態費長吟

嗣脈橋　周宗藩

開沙形勝矯如龍一水中分百代封地脈不煩靈自合天吳盛復崇爲兇狂來題柱貧司馬醉後扶筇阮嗣宗他日有人乘駟過豈同殊絕不留蹤

文昌閣會飲勷常王子述　尊公侍御題豁坍江郵寄丁臥滄　錢如錫

高閣華筵集衆英忽聞侍御拯蒼生繡衣霜簡膺新命驄馬星郵問老成泣遍江皋詳特疏恩深滄海豁常徵同袍

更荷葭莩切豈比欣瞻萬載名

題豁坍江疏　　王之瑚

巡視西城福建道監察御史臣王之瑚謹題爲糧田已坍額賦猶存亟請援例軫恤以甦民困以廣　皇仁事欽惟我　皇上恩同天地德邁唐虞蠲租減賦無歲不有尤　特念江南財賦重地頻年　恩詔屢頒固已恩膏普被惠澤均霑近因江浙偶爾荒旱隨特頒諭旨停徵減賦發粟賑饑而猶愛民無已截留數百萬漕米以待賑給蠲免百餘萬積欠以省催科而更慮民甚周已被災者得免田賦以絕追呼之擾未被災者亦免丁銀以寬力役之征仰見　至聖至仁無時無刻不以愛養民生爲念臣何敢復有陳請惟是京

口丹徒縣坍江一案所有濱江沙潮田地已被風濤衝
没原額地丁錢糧小民毫無出產不特荒歉之年無從
辦納即豐熟之歲亦屬包賠臣竊以為此項坍江田地
實屬田去糧存非同有田有糧者可比幸逢 恩詔
之年民得邀恩蠲免如不遇 恩詔之歲一任敲扑
輸納不前查原任江寧撫臣馬祜將丹徒縣康熙十三
年以前坍没田地題請開豁又原任江寧撫臣洪之傑
將丹徒縣康熙二十七年以前坍没田地題請開豁疊
蒙 聖恩俱各准其蠲除在案惟是康熙二十八年
以後田地坍没復多錢糧包賠日久祇緣從前督撫陞
遷去任以致未蒙題請小民賠累日甚一日若不亟予
軫恤勢必日就流離今除康熙二十七年以前已奉

聖恩蠲免外其自康熙二十八年起以至於今所有
丹徒縣逐年陸續坍沒田地實係望水賠糧與從前撫
臣所題事同一例所當仰懇我　皇上如天好生之
德行令查明頃畝確數　特賜蠲除則小民淪肌浹
髓生生世世子子孫孫永遠戴德歌功於無盡矣抑臣
更有請者查蘆課田地有五年一丈將升補坍之例所
以雖有坍江而不爲民患今此項沙潮田地未奉清查
以致坍者自坍而舊管不除陞者自陞而新增另報臣
請嗣後不獨丹徒一邑凡有坍江之各府州縣亦照蘆
課現行事例除腹内未經坍卸者不予丈量外其有坍
卸至五年之期同蘆課田地一體丈量將陞補坍永爲
定例庶民累除而國課亦不患於無抵矣臣從國計民

生起見字稍逾格未敢另繕貼黃伏乞 睿鑒全覽
勅部議覆施行爲此具本謹 題請 旨該部議奏
部議該 臣等查得先經監察御史王之瑚條奏疏稱
丹徒縣濱江沙潮田地逐年坍没應征錢糧俱係民閒
包賠仰懇 皇上查明此等田地畝數蠲除抑凡有
坍没田地之州縣照蘆田現行事例五年一丈將陞補
坍永爲定例等因 臣部以丹徒縣有無坍没田地小民
等果否包賠坍没錢糧之處該督撫等並未具題 臣等
難以懸議相應行令該督撫逐一查明保題到日再議
去後今准江寗巡撫于準會同江南江西總督邵穆布
疏稱丹徒縣上元縣等十五州縣並太倉鎮海二衛共
坍没田地一千一百七十八頃九十畝零應蠲銀一萬

五百八十兩六錢零米麥豆四千八百五十四石八斗零前項坍沒田畝賦稅仰懇　睿慈自康熙四十四年以後概予豁除以甦小民積困再各屬沿江沿海田地消長靡常嗣後應請照蘆課之例五年一丈分别陞除應一併題明統聽部議等因前來查御史王之瑚條奏丹徒縣坍沒田地查明蠲免錢糧一案臣部以丹徒縣有無坍沒田地之處從前該督撫等並未題報不便懸議行令該撫查明具題去後令該撫等將丹徒縣有無坍沒田地之處自應差委賢能道府等官確查具題並未差道府等方面官員確查止據州縣官員詳報於原查丹徒縣之外反又以上元等十六州縣衛有坍沒田地加入題請豁免如果此等州縣衛有坍沒田地從

前歷年因何不行詳報此俱係各州縣官員同奸民等借端冒請蠲免錢糧甚明事關錢糧不便遽議應仍令該督撫將原查丹徒縣地內有有無坍沒地畝之處揀差賢能道府等官親身確查明白據實保題到日再議再查定例內蘆田始行五年一丈以漲抵坍今前項田地原俱係腹內納糧之地並非濱江蘆田可比應將該撫等題請五年一丈之處毋庸議康熙四十八年四月十二日題本月十四日奉　旨依議

坍江宋元以前無考傳明制有十年一次銷圩之法坍去除糧臨坍減則小民恒產雖無賠累尚淺末年不知此法何以遂廢　國朝則專候　題請一應坍没田地非奉　特旨不得開除在有司以考成爲重在上官

以增賦爲先民間情隱急切不能上達雖繪疏入告而文移往復動輒數年以致小民嗷嗷待哺爲累日深欲使民間永無害患莫若做蘆課之例五年一丈將陞抵坍最爲允當而又格於　部議致不能行若能援引此例永杜民患是在當事者之造福無量矣

恩壽雙慶詩後序 正德丙寅

王守仁 陽明

正德丙寅丹徒沙隱王公壽七十配孺人嚴六十有九其年天子以厥子侍御君貴封公監察御史配爲孺人在朝之彥咸爲歌詩侈上之德以祝公壽美侍御君之賢又明年侍御君奉命巡按貴陽以王事之靡盬將厥父母之弗遑也載是冊以俱每陟屺岵望飛雲徘徊瞻戀喟然而興歎黯然而長思輒取是冊而披之而微諷之而長歌咏歎

之以舒其懷見其志雖身在萬國固若稱觴膝下聞詩禮而趨於庭也大夫士之有事於貴陽者自都憲王公而下復相與歌而和之聯爲巨帙屬守仁序於其後夫孝子之於親固有不必捧觴戲彩以爲壽不必柔滑旨甘以爲養不必候起居奔走扶攜以爲勞者非子之心謂不必如是也子之心願如是而親以爲不必如是必如彼而後吾之心始樂也子必如是不爲彼以拂其情而曰吾以爲孝其得爲養志乎孝莫大乎養志親之願於其子者曰弘乃德遠乃猷嘻嘻旦夕孰與名垂簡冊以顯我於無盡飲食曰體孰與澤被生民以張我之能施服勞奔走孰與比迹虁皐以明我之能教非必親之願於其子者咸若是也親以是願其子而子弗能焉弗可得而願也子能之而親弗以

願其子焉弗可得而能也以是願其子者賢父母也以是
承於其父母者賢子也二者恒百不遇焉其庸可冀乎侍
御君之在朝則忠愛達於上其巡按於兹也則德威敷於
下凡其宣布恩惠摩赤子起其疾而乳哺之者孰非公與
孺人之慈凡其懾大奸使不得肆祛大弊使不復作爬梳
調服撫諸夷而納之夏以免天子一方之顧慮者孰非侍
御君之孝而凡若此者亦孰非侍御君之所以壽於公與
孺人之壽哉公孺人之賢靳太師之序詳矣其所以修其
身教其家誠可謂有是父有是子是詩之作不爲虛諛與
故爲序之云爾
沙隱公明御史王濟乃翁也時濟爲貴陽巡按文成適貶
於此故爲作序

迴瀾社序　天啟壬戌　王錫命

文章與世運相爲盛衰而主持之任不在上則在下今天下文敝極矣江河之流愈趨愈下識者憂之而力障狂瀾以復還彬雅之盛者責在吾黨白沙蕞爾地崛起大江與天吳海若共爭王氣於千古地靈所聚毓爲人文其樹幟詞壇蜚音南北者踵相接也慨自季秀賓天而後雞壇寥落旗鼓久弛今值冲聖嗣興闢門延訪正景運維新豪傑風雲之會用是鳩同社諸君其申盟約鉛槧之役一切以嚴爲政務使旌旄生色壁壘改觀庶幾鼓吹休明挽衰爲盛則中流一柱惟吾黨其勗之矣爰定社名聊弁數語於首

珠合社序　天啟乙丑　王錫極

昔魏王以徑寸之珠照十二乘誇耀齊威而威則謂有四臣守四封光照千里由此言之夫人徑寸之舍中涵罔象之玄豈不燭六幽徹八極哉白沙一區迴環揚子遙臨大海誠蚌之藪而珠之淵也淑氣所萃挺生奇英咳唾九天隨風珠落固人人靈蛇自握也前此暗投或悲按劒譬則摩尼木難睫覯者罕劇彩江干落落未合今徵天幸借地靈合二三同調爲一社有鮮豔如鶴頂者有圓轉如走盤者有玲瓏嵌空如九曲者目前投合兩相傾倒斗室自媚耳夫甯媚世乃合浦聲價世雅知之知者合之自也而合亦不易矣當其沈晦於泥沙則爲鮫人之泣爲漢女之弄滄海嗟遺月明有淚孤踪闊絕何言合乎迨其遭際允升名題上國以充禹貢以綴冕旒掌上共惜剖腹是藏無復

宋人買櫝之異不期合而自合矣然則升沈顯晦珠自有時直須靜以聽之勿憂合不合也諸君子幸爲珠聯座中錯落五色相映一旦波斯胡物色所及合售而納之職方是明月夜光不脛而走也將見媚川之姿出而媚茲一人珠璣萬斛潤色兩都耳目一新掩映千古合殆大矣區區照乘云乎哉夫臭味之合以人聲氣之合以天天作之合又烏知其所以然之故耶今日之投合始此矣諸君子幸終合之

京濤大社序　順治庚寅　丁咏霞曙先

社名京濤何取乎爾取其地而名之也夫地何取乎爾南徐之域襟帶吳楚控引甌越北有天塹長江洪濤千里可以遊觀選勝故凡前之名人韻士無不留連於此稱其山

水甲天下焉因是靈氣所鍾英彥疊出其表表風壓者代不乏人而白沙其較著矣盈鄉絃誦比戶詩書壤雖不過彈丸而科第實乃間出嗣後稍自凌夷無論文社之舉遠遜昔時卽所稱呫嗶之子亦且人自爲家落落寡契而謂其有曩日之盛耶吾黨目擊是風慨焉已久每欲力砥頹波共登酯古幸同志畢集偕以社士諄諄予乃喜振作有機不覺情見乎辭因擬其名咸謂譬人從事譬物從地是可摹倣而得之嗚呼此卽京濤社之所由名也或曰前此蓋有社矣方始輒衰貽譏畫虎茲得毋類是乎予曰不然前此之社悉由聲氣不投故興味索然一再行而報罷今也選同契之英屏怠志之友芝蘭爲佩金石爲盟愼此以往雖嗣音於風雨雪霜可也豈尙有末俗頹廢之習耶不

寍惟是天下聲氣所被動無不應故草蟲鳴而阜螽趯丹鳳儀而孔雀屏誠能鼓舞不倦振起人文則四方之士聞風慕義感激思奮必自有人要不可謂非斯社之力也矧夫勤勉則業精淬礪則鋒銳青燈技足鳴必驚人由此出應天選操刃裕如豈無乘長風破萬里浪其人者乎吾將旦暮遇之矣

春江大社序 順治戊戌 駱士鵬

自吾儒之以文爲制也五帝三王詩書禮樂秩然於天地間爲千萬世文章之凖故後世於天下則以文識治亂於國家則以文徵盛衰於人則又以文見才智別賢否是故道德蘊釀之於其深操履練達之於其久節義驗歷之於其素然後英華發之於不容不彰聲名揚之於不容不著

而以聞四海垂弈世其出也則賢卿相其處也則良師友故文之遞降於其時也必有人焉正其體而發其光庶幾觴欲濫而瀾欲狂也得斯人焉以爲之砥俾萬世斯文之統得屹然不墜於式微淹忽之閒乃時至春秋則砥之有孔子於戰國則砥之有孟子迄漢及唐則砥之有仲舒退之之流而於宋則砥之有周程張朱諸君子是皆不以文爲爵祿之囮而實以文剖造化之樸示當代之典型垂後世之圭璧者也故其文之昌明於天地也如日月如星辰如雲漢天章如山川流峙如江河淼瀰而文之發生於其時也則蓄蟄之如冬萌苗之如春榮茂之蒂結之如夏於秋嗚呼斯乃所以爲眞文也哉斯乃所以關世道係人心也哉迄於今觴之濫也極矣瀾之狂也甚矣家絃戶誦則

以爲吾爲功名爲爵祿也而凡父之所以爲教兄之所以爲訓師之所以爲啟迪者則又謂爲拾青紫張甲第也是故有不可言者矣庸望其有所謂砥之者哉今吾諸子知先王立教之義制文之本慨然有懼於觴之濫而瀾之狂也思所以砥之推心結契脫塵遠囂謂耳目不可不以邱壑洞也而廣之於其水謂胸次不可不以曠達豁也而廓之於其江謂四座行生不可不以啟屯蒙育茂對也而乘之於其春是非謂澤畔之行吟長沙之賦鵩也是非謂花月夜之遊談而以文爲新聲艷曲亦非爲擊琴宣揚而以文爲賣名延譽也夫非求所謂正人心擔世道也哉乃於斯摩盪日星拭拂霄漢挽回莫返之江河亭毒四序之生氣若麟若鳳式舞式歌維唐維虞亦今亦古不蘄春風在

坐春光媚人而直使海若長江千流萬派咸砥之於吾諸子一手筆間猗歟哉春草池塘夢裏幾番事業桃花流水心頭別樣地天忽來江上數峯青頓覺曉風楊柳岸惟吾諸子其共問諸水濱

清隱庵贈蕭處士序　姚鼎臣

龍溪先生棲心塵外士也幼酣經籍壯蜚黌序已而囂然曰大丈夫貴自適其適胡以蝸角虛名縻哉乃築庵於林阿而隱焉庵成矣緑陰垂翳仄徑旁通突溜中啟懸櫳外蔽客曰足以宴賓乎先生曰非也吾攄嘯之所也美哉此庵蓋宅以太虛覆以華蓋承以六府事以五官者歟猗與先生沃泗源之水積程門之雪搆空中之閣弄無著之丸凝然淵伏超然變化龍之靈也泓然淵渟湛然冰鑑溪之

淸也且也淸泉洗耳綠野怡情紫芝充腹赤松堅約藥搗玄霜則兔立婆娑之影棋敲楸玉則鶴驚松露之凉漫斟綠醑朗吟一榻仙風起步花陰踏碎滿庭明月葛巾野服而紫綬金章弗欲也山殽野蔌而烹羊炰羔弗願也石田茅屋而金馬玉堂弗屑也龍霖甘澍而霑足無私溪濬淸流而百里成潤鳶飛魚躍之景況其露於此乎光風霽月之冲襟其拓於此乎問其腔子則肫而厚也問其懿躅則謙而光也問其裕後則燕山高踪也活活潑潑玲玲瓏瓏夫豈覺覺踶跂而索價釣名也者卽朱之晦庵邵之安樂窩不是過矣美哉先生百慮泯而萬境徹人心湛而天樂完所云自適其適自得其得先生眞其人矣

補齋丁先生傳 弘治癸亥

莆田林俊撰 見素

先生諱璣字玉夫丁姓潤州人宋參知政事觀文殿學士文簡公之後太府卿總轄睦七世祖也祖寍棄建寍右衛經歷隱於鄉自號友陶是先生中書舍人祖也父元吉學行高古學者稱易洞先生先生服息庭訓凝永蚤悟慨然有求道之志十歲屬文有趣尙十八抗顏師席是歲領鄉薦又四年成化戊戌第進士乞假歸迎婦張氏明年還授中書舍人與同官烏傷王君汶並名古意王年踰倍尊爲益友吳文定公原博費侍郎公廷言皆丈人行禮若平交陳石齋公甫至京師先生日接道論久而歎曰石齋克己功到其所學大類象山吾儒須內外動靜交接互發乃得甲辰歲除星夜殞乙巳元正三日晝殞俱有聲先生應詔上封事極論治道本末時政得失反覆數千言大要以正

心爲本敎東宮振綱紀正風俗愼用人重名器蘇民困理財用飭兵備爲急務末言方士釋老宜加痛絕疏入留中羣姦切齒伺之無分毫失久之以同官公過連逮謫判普安公委北上次辰州聞憲廟訃三日不食孝廟嗣位起三原王公介庵爲上宰公功業自効聞先生至邀坐後堂咨訪竟日明日再邀不赴具言今日大本無急正君原非一人一日之力宜蚤堅主上向道之志開進賢之路庶本正源淸制治保邦可次第而舉言甚切直介庵受之欲引吏部屬爲忌者所沮僅判廣信未三年凡再上提學不果遷而先生以易洞憂去位服闋卽家授興國知州居八月以錢孺人憂去位服闋倪文毅公當軸收拾名士卽家起致仕僉事張公懋爲南京國子祭酒先生爲南京儀部郎中

未四月遷廣東按察司副使奉敕提督學政歲餘入賀道清遠山水暴漲舟且覆先生衣冠祝天度不能免閤窗端坐與側室陳氏二女伯子咸叔子尙季子啟一家十一人同歿惟仲子同與一僕以他舟僅存嗚呼酷矣弘治癸亥三月十五日也生天順丁丑五月十有九日先生德器充完涵養深粹圓運方晦含顯靜待動長不踰中人而信古任道有千鈞之力崇正闢邪有萬夫之勇至於羣吠衆謀不震不搖則又有百鍊之鋼焉誠孝兼至伯叔無異財親喪骨立儀禮襲用無或遺至身無完衣子女踰期無力爲嫁娶噫亦難矣位署清局無事樞無言柄將欲以一身任世責之重而盡還湻古之風愛君憂國性眞然也敎人必先正身四方從學屨恆滿戶外先生正容端坐澄心定氣

使燥慮消息方與開講辨析疑義細入毫芒而文字正大不涉荒怪故門下之士成大名掄大魁青緋中外楚楚焉嶺南敎法以厚倫爲本格物窮理爲務修身而達之天下爲期假之年歲文敎可知也先生爲政以風化爲先而誠動之晉安夷俗有贄禮將先飲以示無毒先生曰何不相信如是飲其酒卻其贄衆皆感畏尊約束終生再不專殺一人時輸納絕火葬歐治所授科目於乎有人信有兄弟爭訟者先生久不決曰將使自感悔耳旣之果然薌溪義勇以私隙誣鄰爲盜斷其舌而污衊其妻女鄰斃獄中先生宿驛舍夢若覺聲冤狀詰旦果得訴者一訊而服永豐銀冶羣盜時竊發先生還視解散同寅坐事先生爲曲處乞印易牒獨執不從曰吾生平惟辨此一片心事君果誰

欺耶其人久自悔服遇事詳綏縝愼不用爲沽釣士君子恆信知者姓名時見薦剡王介庵對人必曰佳士予長先生五歲始識之同年稠衆中委蛇暇豫德輝動人自是屬心焉先生亦誤與可左官姚安無復敢送者獨先生與楊公邃庵數君子致詩先生復徒步十餘里爲別則知己驚馬爲論列計矣予既復官先生亦就謫所龍關邂逅因得拜易洞舟次益信先生所得之深又數年過潤則先生之廬不庇風雨予括囊僅助二金嶺南之行僅助一公服又數年又過潤先生之廬幾不可入矣或問先生儒而迂何至一第不治曰有之簞瓢陋巷顏子則然何至女子二十一而不嫁曰有之程氏孝女明道則然在士大夫亦有異議者曰有之聞道不識濂溪則然先生其猶幸於今之世

無考亭之難處者抑儒運之衰一至此極天亦有所陰佑於不已獲之閒爲承祧之地者先生號補齋所著有補齋集八卷大學衍義一卷洪範正誤一卷四禮儀註四卷中庸語孟說未脫稿又欲繼朱子之志以儀禮爲經禮記及諸經有及於禮者爲傳而補以註疏未成書云贊曰儒學不專得其門者或寡補齋蓋將有意焉冲渾濬融窮探力賾而志之所向不息不岐觀其行己事君誨人著論大畧可見已使得幸而及朱程之門淵源之續其殆庶幾焉倉卒水禍一信始得屍而衣冠端整殆所謂俟命之至確乎其不可亂者斯補齋之終也

郡侯傅公傳流寓　　許山

傅公諱廷獻字瞻辰開封府襄城人少有大志天啟甲子

鄉薦崇禎初流寇起集邑壯士分四營團練丙子寇卒至躬統四營長列陣以待寇不敢逼戊寅寇又至公命開四門若有備者而伏兵間道寇果疑懼從間道走弓弩齊發大破之五戰皆捷城賴以完癸未成進士未謁選京師破福藩卽位起家部郎甲申出知鎮江府愛民養士時方亟軍餉縣令欲括富民財公格不行明春淮泗告急江師鄭彩請議兵事公曰守江不如守淮守城不如守江鄭不能從五月揚州師潰大兵潛渡公率善射者守四門衆懼不降且屠號擁願公降公曰我不敢喪節入署望北拜畢抱老母痛哭拔刀自刎老蒼頭力持之又觸石柱蒼頭曰主死如太夫人何乃促母妻各登輿乘白馬急行達於白沙止於陳宅江南既定當事聞公名欲令出視事不答衆强

之厲聲曰然則持我頭去乃已自是祝髮僧裝號白沙客子是年太夫人卒太夫人以節孝聞善訓子公居喪盡禮扶櫬歸葬數月返寓徙居城東初公之出署也不持一物家以此窮然不屑意夫人執爨子給使令淡如也善飲好談論每以謝疊山自況戊子三月返中州士庶皆泣送之明年寄書門人云里田猶存室廬尙在惟朝經暮酒畢餘生而已子諱梅字爾爲

監察御史王公家傳

余師

鐵崖先生其德望重於鄉其政績昭於邑其聲聞焯於朝可謂名世之士也已先生姓王氏諱之瑚字仲玉世居鎮江丹徒之開沙自其大父 慎予公家故饒裕至考

文明封公愈恢弘之封公天性孝友好善嫉邪親厚
間有隕越必爲匡正卽素所不協一行偶善必深嘉許
是以鄉黨咸敬愛之喜施予振困乏遇歉歲待以突烟
者不可勝數而尤敬禮賢士與名俊交遊聯詩文社罇
酒款洽春秋無間士或久不至則攜具造其廬留連日
夕先生其次子也幼聰穎出語驚人父執諸名士皆退
讓以爲不可及壬子魁於鄉壬戌成進士需次十年筮
仕臨武臨武隷衡州山湖之隈地接猺峒苗人時出劫
掠邑無武備先生至下令團練鄉兵得五百人教之擊
刺坐作之法捍禦寇盜苗人懾伏終先生任不敢侵犯
縣有浮糧積逋不完先生從一吏挾冊籍自備餱糧履
畝清丈雖荒區窮村必到其有糧無田者若干畝申請

上司爲豁除之凡免浮糧五百餘石邑人大怍有貧人周允保税不登將鬻其妻先生廉知其狀惻然曰至此乎爲出俸代輸之建義學置書籍擇士之有學行者爲之師厚其廪餼簿書暇躬往校閲文藝示以程式士翕然始知嚮學俗醜貧女既字而壻家匱乏者輒奪以它予先生嚴禁之爲予資完聚其不能婚者居十年風以大變士民交口稱譽督撫上其治行於朝庚辰行取癸未授禮部儀制司主事乙酉陞員外郎其冬擢福建道監察御史巡視西城督理寳源寳泉兩局錢法於民生利弊屢有陳奏而坍江一疏舉濱江之民咸被其澤蓋大江自江陰海門出海北固金焦而下結爲沙洲五十有餘民居其上漸成村落賦額與內地均然長坍不常

有司不以上聞則田已入江而徵糧猶責盈額戶滋耗
先生生長開沙久悉其弊至是上疏曰臣伏見京口丹
徒縣所有濱江沙湖田地其被風濤衝沒者連阡越陌
小民望江號哭業無生計矣而原額地丁錢糧郡縣依
則徵收不稍止田去糧存包賠歷歲賣妻鬻子不給繼
之逃亡責及鄰里臣目擊心傷無由入告今幸身居言
路竊見　皇上至聖至仁愛養民生無所不體蠲租
賜復歲下寬大之詔而猶軫念江南財賦重地頻年積
欠悉已免征發粟留漕以待賑給蓋數百萬不惜也今
此坍江之田幸逢　恩詔則邀免蠲其非　恩詔
之歲一任敲扑輸納不前查康熙十三年以前坍江田
地撫臣馬祐已行題請蠲除矣二十七年以前又經撫

臣洪之傑題請蠲除矣惟二十八年以後復有坍沒未經題報望水賠糧民不堪命臣請援前例令督撫查明永行除豁則　皇上如天好生之德也抑臣更有請者蘆課有五年一丈將陞補坍之例法至善也今此沙田坍者不除長者日陞臣請嗣後凡有坍江之各府州縣亦照蘆課例五年之期悉爲丈量將陞補坍永爲定例庶民累除而　國課亦不患於無抵矣　制曰下部議部咨督撫查報撫臣于準會同督臣邵穆布疏稱丹徒上元等十五州縣并太倉鎮海二衛共坍沒田地一千七十六頃有奇應蠲銀一萬五百八十兩米麥荳四千八百五十四石有奇自康熙四十四年以後概予豁除而沿江沿海田地消長靡常應如御史請照蘆課

例五年一丈分别陞除部議以御史所請者丹徒也而有司泛及上元等邑咨駮久之先生内請於司農諸曹外暨督撫監司書詞往復懇到周切部議雖不概行而丹徒之坍江永除糧稅縣人世世食先生之德矣先生在禮曹時奉 命分校乙酉科順天鄉闈得士十有四人副榜四人而余亦厠其中出闈諸公舉余名賀先生得人而先生實未余識也亟遣隸召余至邸慰獎倍至今十四人者多成進士有登翰苑者世以先生所薦爲是科最云先生既貴封公尚在别第沙上蒔花植竹與朋從登臨山水娛樂者十有餘年 勅封文林郎以壽終辛卯之歲先生以足疾請告家居壬辰來京遂以老辭 天子許之令以御史秩致仕自此優游聖

世金焦北固風景幽奇杖履所及愈可以愜素懷矣先生年踰七十而精神壯實喜飲酒賦詩酬應不衰夫人駱氏與先生白首相莊有丈夫子三皆好學能文克世其家長君錫鬯早卒子婦卞氏守節二十餘年孤孫成立已餼於庠先生及見曾孫康强福壽蓋未艾也兒伯玉弟叔玉季玉皆好行其德後嗣林立咸恂恂循謹先生既有德於鄉兹之歸也里黨奉爲祭酒邦君亦式其廬可以方古之陳太邱王彥方焉不獨晝錦之榮已也先生來京示余開沙志其所載鄉之賢達詳矣如先生之父子名德尤不可以無誌也因不辭而爲之傳使附入家乘若他日載之

國史則有太史之職在

康熙壬辰臘八日門生吳興溫睿臨頓首拜撰

古栢庵置香火田記 萬歷乙卯 蕭應昌

吾沙八景之一曰古栢虬枝傲雪歲寒不凋洵足愛也後結庵長者題曰古栢庵相傳殆數百年至今猶爲一方福地其先拓基肇始不過邱畝搆不過數椽卽吾輩目擊猶未改闢改觀近歲道人畲江藉此禪誦始充其地而棟宇亦稍爲更新厥功未竟遽爾奄遊衆方思得名德克終勝果適大潮師自餘杭歸省母諸檀慕其清修以爲是緣甚希有也咸樂推爲庵中住持師因卓錫於此頃衆緣輻輳院宇莊嚴道場功德具廠天人之觀偉然吾沙一勝概也逮癸丑歲杭之雲棲寺蓮池大師講律師乃往受戒比回嚴護威儀靜修禪觀緣累一切頓謝苦空澹泊晏如也因

傾鉢貲置田以爲後人助道之勸而沙之冠蓋者碩居士益重行興事而皆樂爲之有成其得若干畝永爲玆庵長住之田恐日久淹沒徵言於予以記之予因敘其顛末既以彰諸檀越施諸無量功德福田且以垂斯利益玆庵行紹佛燈於永世也師俗姓于法諱如通大潮乃其道號云

長安圍橋易名記 隆慶辛未

丁邦寍

郡城之東有開沙蓋自開闢已有之故因以名淩躡大江盤旋澤國四面皆水波濤環遶民罹於災寍有寍歲嘉靖癸未海水泛漲渰沒淪溺俱爲巨浸隆慶戊辰圩岸崩圮害亦如之至歲已巳霖雨大注海水復來衝激湍迅漂民室廬壞民禾稼視癸未尤甚蕩析離居民無棲息大中丞剛峰海公出撫於玆卽以災異聞聖天子軫念黎元隨簡

內臺明治體諳時務者出知大郡四明胡公以監察御史拜命來守吾潤目擊時弊心用惕然迺謂邑大夫何公少尹曹公曰民爲邦本本固邦寧以吾再目所擊江南洊災地其沼乎民其魚乎夫有人有土斯有財用今高岸爲谷田卒污萊是無土矣老稚溝壑少壯流離是無民矣室如懸磬賦稅莫供是無財用矣非予溺之而誰耶汝往視之以懋汝勣何公推不忍之心切如傷之視遂請於胡公發倉廩以賑焉曹公巡行郊野以慈良之心行愷悌之政饑者食之溺者拯之沙民賴以全活者數千萬人凡被災處無所不遍歷見裨沙圍視他處尤艱乃立塘圩長嚴責某以總之村長李奈二等三十一人分理之戒之曰龍見而雩土功伊始給爾餱糧役爾民夫築爾隄防毋俾民憂緩

若時怠若事惟爾之責於是村長分土計功傾者培圮者葺罔不用勤明年辛未公出省耕復經斯地引睇平原留睨高阜遠涵天碧迴延野翠向之爲民患者舉爲民利矣乃屬其耆老而諭之曰地因名勝名以義起協諸義而名焉可也稊稗以害嘉禾良農之所痛疾者也以之名圍義則舛矣更名長安不亦可乎江皋丁子聞而喜曰仁人之言其利溥哉易有之曰元永貞固惟永斯長惟固斯安矣援沈溺之民而置之衽席之上轉饑寒之苦而歸於飽暖之鄉傳曰一命之士苟存心於愛物於人必有濟曹公之謂也凡居是土而耕食鑿飲以恬以熙而得以安享我國家太平有道之盛於無窮者當沒世不忘守令之勳與曹公之烈也是圍也有港以時其蓄洩有橋以通其往來圍

名既易港與橋亦隨之矣乃於港橋之東搆亭建碑以紀曹公之勣用垂不朽可謂知報德矣橋之壤也鳩工市材以建之圍之易也撰文鐫石以紀之所費皆己帑而他人不與焉則李氏輕財之義亦不可泯也因得附名於末石

隆慶五年歲次辛未孟秋吉荊府教授丁邦寀撰

重修大聖禪寺碑記 正德己未 裴俊永

郡志潤之屬邑曰丹徒去府治東僅三舍許大江中有邱名開沙其地平闊厥土肥饒宜禾麰緣水洶湧襟帶左右東連吳越西控湘黃南挹五峰之秀逸北據廣陵之平夷風帆雲鳥去來其間沙之上有浮圖額曰大聖禪寺宋范文正未第時嘗寓寺誦習五年與住持宗印師善後寶元元年文正來知潤州爲擴基址輝煌佛宇復施給學院田

三十七頃永充營繕及供佛飯僧之需左建文正祠有松栢數十株皆公手植後之主僧失業其田咸入編冊歲既久殿宇廊廡悉頹敗弗稱瞻仰寺僧覺林紹其宗風睠茲荒廢嘗歎曰前人創基本欲安集緇流而闡揚宗教豈徒自爲食息地乎力以恢復自任而志行清潔迥出倫輩人每重之於是邑人張從正王允政唐性海李達焚禱矢願一乃心力傾貲募衆購材備功鼎新革故造大雄殿翼以廊廡山門法堂寮舍次第而就及裝塑諸尊聖像輪煥赫奕燦然一新丹堊金碧日朗月映松篁環匝超越於古晨鐘暮鼓演繹宗風昔范公印師契於前今檀越覺林繼於後時雖殊而志則同也洪武重光協天清緇羽酌去存詢是刹屬古廷命俞允弗毀徼寵渥矣迄今更葺治而落成

之邑人王福字萬揚謁予請記勒石用垂諸久夫佛所以誘掖人者特憫其淪五濁昧性宗欲其翻然頓悟同歸於善耳人之皈依而趨事者非徒美宮室誇耳目無亦修因而返覺耳苟第能扶廢墜度羣迷雖裝嚴日新曷足以爲徒衆之表率也乎吁匪覺林願堅衆信協德烏能使五百禩之餘頹敝荆棘之所一旦而成華曼幢幡之盛所以啟斯民之嚮善者寧有窮哉茲刹之興於以諷演眞詮祝釐聖壽豈不美歟予聞覺林素有高行茲又重整錫之請遂書此以表宗印創建之始用光覺林繼興之功俱不泯焉

併附以銘銘曰

瞻彼大雄教開西域昔漢永明始入中國用性牖民一視同仁仰惟茲慧浩浩無垠方袍高侶祇林建宇方丈安禪

翼以庖廡悼彼中衰有人繼起盡者以興墜者以舉煥然
維新績疇與佞佛日輝兮耀金碧之琳琅卍字炳兮焜慧
炬之輝煌唪貝咒兮鐘鼓鏘祝聖壽兮永無疆願皇圖兮
鞏而昌
大明正統四年歲在己未四月佛誕日奉政大夫湖廣提
刑按察司僉事前廣東道監察御史京口裴俊永英撰

重修東平忠靖王廟碑記 成化丙午 蔣仲禎

夫天地孕靈忠傑式顯沙洲環秀褒崇聿興理固然也潤
有開沙自宋 承值郎特差平江府常熟縣許浦鎮
權御前修內司萬壽監莊皇弟嗣沂王府兼提督張府
運使陳思明等建立東平忠靖英濟王廟而鄉善協力助
之歷宋元數百年矣梁棟牆壁久漸傾頹里賢張文斌等

咸欲新之鳩工誕興慮木植瓦石之費不貲因出疏募惟王忠烈過人保障江淮勛在史冊千古不磨故一倡而崇信者衆不待勸而忻趨之修飾增新甃砌周固俾忠節之神洋洋如在禱應如響罔不懽忭而切瞻仰鎮沙而與方輿同其悠久佑民垂澤穀麥悉登以躋聖朝昇平太和之治以昭神明忠靖英濟之應夫如是將萬斯年之弗泯而沙之勝蹟愈耀於古今矣民載神德烏能已耶用是刻石載首事之姓名而記之

明成化二十二年歲次丙午仲冬望里人蔣仲禎記

遷建慶安院碑記 弘治庚戌

臧昊

如來氏自漢明帝金人入夢其教大行久矣歷代以來莫不崇奉仰惟天朝混一四海治隆三代至於釋教崇奉之

至有加於前蓋以其教使人聞經悟法遷善改過臻於休明與儒教可以並行不悖故名山勝境往往象刹相望吾潤高家沙有佛境曰慶安創於宋延祐間僧智森始立庵於本沙生春岸洪武初海會寺實庵隆師以舊址湫隘復遷於東甲大岸方欲建立遽爾示寂洪武三十五年其徒天然幸師來住斯刹大檀越奉議大夫趙公越元亮首出己資及募十方檀信畚穢壤翦荆棘聚材木葺甌甓首建大雄寶殿山門兩廡雕裝諸佛羅漢等像悉皆完美松竹陰森境界幽勝誠塵外之梵宮也天順八年大川行上人繼主法席將仕郎趙公仲寬慨捨田地二十五畝爲香火之費出己貲建諸天閣三楹并觀音諸天之像今弘治庚戌徒姪伯川容領檄住持本院殿宇迴廊風雨震凌歷年

滋久頽壓已甚趙伯珍伯輝伯文伯美諸昆季感而歎曰此院乃十方祈福之所豈可坐視其圮復捐貲廣募竭力修葺腐者新之仆者植之像設之漫漶者飾之以金堦墀之損缺者甃之以石正殿兩廊山門丈室齋廚庫湢煥然更新師因感諸檀越功德隆茂乞言於昊勒石爲記余惟佛家以大願成因果猶儒者以誠心立事功今伯川上人以大願力勇猛精進化瓦礫爲寶坊幻蒿萊爲金界可不謂鐵中之錚錚者乎自茲以往將見山川改色大闡宗風續慧燈於千載祝聖壽於萬年功德眞不可思議也

弘治庚戌仲冬朔　　甕城臧昊景陽記

重修上善院碑記　萬厤三十三年　　陳明瑞

竺乾氏之宮吾潤稱最金焦北固標其勝鶴林鹿泉競其

輝其他卓卓者不可枚舉。予里佛祠曰上善院，粵稽所自，肇於晉明時。宋武常駐蹕，因進膳曰上善。南里許有飲馬池，迤西爲走馬隄，今悉墾爲田。院前銀杏二株，大可數抱，青翠如蓋，蘿帔護甲，苔衣絡身，木理蕃息，斧斤無侵。傳爲武帝手植。集潤之名山巨剎，鮮有覯者。獨曲阿金牛洞有杏一株，大略相當。僉曰晉杏。名人達士咸思盤桓其下而吟咏之，每以遐僻不及一見爲恨。歷唐宋元迄今，興廢靡常，院名不易。二杏之所留者大矣。相傳其上常有光怪，弗敢信。第歷千餘年而鬱茂如故，神或憑依，亦未可知。嘉靖初，波臣爲祟，殿宇凌夷，僧徒漸走於四方，像設幾委於草莽。里居士徐文貴慨息久之，暨予叔祖未淵公等捐貲刻日鳩工，修葺舊宇。僧德與弟憲由開沙大同寺來住持，竭力焚修五十年無虛日殿宇聿新莊嚴倍昔俾左爲僧舍右爲三茅行宮宮後爲文昌閣僧徒日衆院無世產禪悅弗充家大人勉承先志捐貲募田以贍僧懼弗給復募華嚴經八十一卷藏之櫝俾其徒日誦禮之以供朝夕今上
御宇三十三年憲已物故盛年逾七旬思記於石以志不朽乃命徒造予而請紀焉予雅與盛善盛老矣無容置喙第於其徒有靳焉若所習非竺乾氏之教乎其教以明心見性爲宗以慈悲喜捨爲用以嗔愛婬殺爲戒以戒定禪寂爲門大都使人破塵妄之迷卽妙圓之體惕罪報之由修慈善之根悟未來之因滅現在之業若誠於是有得靈山卽在目前不則日誦華嚴諸經其如業報何哉願勗且戒毋得浮言視之若曰揄揚一時誇耀千載非予志也

重建羅漢寺記 天啟丁卯

李羅簠

嘗謂國有興替則國史載之家有興替則家乘載之紀事勒功班班可考至於替而復興則更記修廢舉墜之事功昭示百禩庶不致淹沒無聞也豈特國家之大即一庵院有興替可稽則亦有事功可紀以垂不朽者開沙羅漢寺古院也始於宋端平二年住持僧智達鼎建元大厤二年鑄一鐵鑪迄今尚存元末明初兵火之餘不無侵毀至洪武三十五年則替而復興之始也基處倉下圍之北壖袤二十餘畝迨嘉靖甲子頹墜不堪鄉耆潘君儀乃葺其殿宇李君瑚許君珏爰君法堂董其役者寺僧茂桂也一時事功要有足紀者後數十年僧眞溢如德相繼建東西二樓與山門左之關聖殿右之伽藍殿凡棟宇垣墉俱整麗

完固遠邇胥慶古刹復興爲千百年不拔之業矣其事其功亦更炳然煥然詎意頻年天吳布祟改岸驚沙且及寺址矣梵宇與海藏爭樓閣黎與蛟龍競窟度不能勝也天啟丙寅如德謀之衆檀卜諸神遂遷於湯氏之隴畝距舊址二百餘武僉謂是可以無虞因不惜地值而築基焉移舊寺之西樓爲方丈然僅可止僧未可奉佛也寢食不安仍走白諸檀曰搆殿弗能欲建大堂五閒以安如來用是皇皇焉募貲詹吉庀材鳩工其一時景赴者不啻什伯錢穀薪粟輸將恐後丁卯堂具告成矣德瞿然念曰是佛之靈檀越之力一時之盛事也革故鼎新前人之功業烏可使不傳遂謁予請記余謝不敏德曰無記曷以誌功銘德曷以彰往式來曷以見寺之興而替替而復興如家乘國

史之昭著不朽也益强余余不獲辭因詮次諸檀越捐助
姓氏暨寺之興替顛末如左

重修上善院前殿碑記 崇禎癸未 陳三德吉人

世無不毀之物人無不殞之形而其縣縣常存者唯人之
精神與創垂爲不朽則天地之所以亙古今而不敝者繄
惟人是賴而況於物之興廢事之衰隆有一不係於人之
存亡爲重輕哉吾沙上善院古刹也肇於梁季其端委予
先人記悉已至其興而廢廢而復興千百年閒隆替不知
歷幾變更然中衰而復振者寺僧拮据之力與諸捐助之
功今猶載在口碑未泯也子丑之際前殿幾瓦礫宇之不
葺神其有恫乎戊寅住持明汰禱於神請於衆謀所以更
新之適愚兄弟俱在疚家仲兄避席曰神之幸也吾師之

惠也余兄弟雖不德敢不竭力從事僧隨矢曰神之不供
汰過也年耄矣今以往敢邀佛天惠藉諸檀德功修飾莊
嚴庶追厥愆兄躍然起曰吾師乎天下固有矢願堅以銳
尚不振厥功者乎爰集沙檀隨力豐嗇書名於疏未幾饑
饉頻仍謀生不暇緣是弗果客春竟齎志以歿歿時猶撫
榻而呼急修前殿者三其徒眞標付囑泣陳師願冀期年
鼎新慰師於泉下余聞之肅然曰僧以百千勞瘁之身萃
百年悲楚之況懇以葺殿爲詞其神助之誠乎抑師啟其
覺乎微汰莫肇其端微標莫酬其願微三策莫或左右而
贊襄吾恐事阻於煩重而志罔就千年名刹一旦遂圮修
因有漏誰職其咎況今有秋不及此時經始毋乃負師志
乎卜吉諏神罔不降監助者軒輊如量概不之強客或誚

之曰積願而期速償循乞而完弘誓然與否與標曰柄鑿弗合三年仍舍於道傍鍼芥相投隻語已空夫象表茲事亦如是耳余曰施於無施者亦功於無功殆以募造爲説法者也詎有量與茲殿賴標再造舉千百年古刹廢而復興不藉是有榮施乎哉汰雖死之日猶生之年也嗚呼天下事得人則興失人則廢上則朝廷百署下之梵宇琳宫衰隆由乎時代輕重係乎存亡物理類斯不獨此院爲然矣

刑部郎中默庵唐公墓誌銘　　唐順之荆川

嘉靖乙巳三月日刑部郎中默庵唐君卒於南京官舍貧不能具棺殮尚書及諸僚賻之錢乃棺以還邑令茅君坤賻爲葬具又因邑諸生爲請於上司祀於鄉賢祠以書來

請銘君嘗知永豐縣知武定州吏民爲生祠謹按君宦爲
循吏沒爲鄉先生於銘法宜採舉人陳君佐狀爲敘而銘
之君諱侃字廷直號默庵家於丹徒之開沙祖諱用父贈
南京刑部郎中諱漢母贈宜人嚴氏年十六入郡學爲諸
生正德癸酉舉於鄉久之授永豐知縣遷武定知州擢南
京刑部員外轉郎中自束髮至蓋棺未嘗不兢兢砥厲名
檢於廉恥大閑若生而成之年二十讀書獨處夜有奔者
峻拒之明旦遂移其處終不以語人爲舉人入國學得巨
商遺金不啟囊而還之自少於貨利聲色能嶄然不染若
此生平尤以忠孝氣節自許爲諸生父被繫上書請代弗
得乃藉草地寢夏不帷冬不被竟一年免獄乃止居常淸
苦任州縣未嘗攜妻子數千里外與一二垢衣僕相朝夕

飯蔬羹豆榻茅以居有寒士所不堪者永豐刁訟武定亦悍州君豈弟長者務掩人瑕疵爲吏尤欲以古教化先之不以敲扑苛細爲能所設科條始若迂闊久之眞誠溢出吏民不忍欺遂以治辦稱江西俗尚鬼邑有獄神祠居人奔走雜男女香火無空日素善優閭里浸淫傳習使民淫佚欲匱於財君曰此大蠹也痛革之有理之言雖賤吏必改容謝立爲之行無理雖權勢人百方請毫無假貸告訐請託之風爲一變在武定尤以鎭靜撫綏疲人戊戌章聖梓宮往承天道山東上官檄君德州供張諸內閹牌校橫索百端挾威淩侮聲勢詾甚奴叱諸尊官鞭撻州縣言供張不辦捕死欲恐喝錢物同事皆懼逃去君獨橫身當之君先命畀一空棺密置旁舍及索錢急君佯謂詣錢所受

錢指棺示之曰吾已辦死矣錢終不可得也乃稍稍引去事遂辦始受命上官裒民財甚鉅欲盡以給猶恐不塞君曰以半往足矣至是所需又不及半餘悉還之公帑逃者皆被刼逮君乃受旌性長厚居常怡愉簡默不見臧否爲吏尤悃愊至臨利害出鋒諤片言折伏豪橫敏鋭集事精悍吏所不及居官卒空橐以歸及朝覲考滿入京卒空行以是著節聲亦以是淹滯爲州縣皆五六年而後遷然上官亦往往知君至考曰廉介若趙清獻人謂不誣任郡邑久人情吏事亦練居刑曹尤以執法得情著聞卒時年五十有九子果府學生先一月卒女二壻李　王謚孫男三思忠思信幼未名始同邑有易洞丁君者好古道明於易傳子補齋璣尤刻意清苦風節竦一時君爲補齋入室弟

子風節亦似其師又善誘鄉里後進從君遊者不專以文藝誨每曰須使此心無愧神明可也弟子駸駸有知嚮方者若朱錫王春王合節其著也節以女婚君之孤孫君卒爲經紀其家而速余銘以終君之葬者亦節也銘曰凡人爲吏廉者或刻惟君長厚溫溫悃愊凡人於鄉貞每絕俗惟君渾然不露畛域州邑有言此吾卓侯鄉閭有言近古太邱經紀其家弟子事師賻葬崇祀是在有司考終諛美太史則宜

封君樗庭丁公暨配紀孺人合葬墓誌銘

楊一清 邃庵

正德丙子冬吾郡鄉進士丁瓚敬夫將會試上京師念母氏紀孺人在堂春秋高不忍違膝下孺人趣之乃行明年

丁丑登進士甲科報至而孺人卒於家春三月四日也敬夫聞訃南奔卜以是年冬十二月二十一日啟其父檇庭翁竁合葬於城南長山窩龍岱之原衰絰詣予哭再拜請曰瓚不孝禍延二大人先君以正德己巳十二月歲除日棄諸孤貧弗克誌瓚於是抱酷罰焉今幸取一第吾母氣不逮養合葬有銘先生不憐而畀之瓚將無所逃於天地之閒矣予不得辭乃按敬夫所著狀誌而銘之丁氏之先汴人系出宋參知政事文簡公代有顯者六世祖諱睢理宗朝官至大中大夫總轄蘇湖常鎮諸郡卒葬鎮江子孫遂爲鎮江丹徒人曾祖諱熙拱國初以耆儒召見賜歸遂隱不仕祖惪以醫術鳴人稱爲恂室先生父諱璺舉於鄉爲建寧右衛經歷母華氏翁諱元貞字惟誠檇庭其別號

也生於宣德壬子夏四月孝敬出天性侍建寧君於官甫
七歲嶷然如成人稍長銳意進修屬時歲數饑建寧君罷
官貧甚家無擔石儲翁伯兄嗜學闊略世務不識銖兩季
弟尚幼翁曰嗣爾肱股遠服賈獨非人子事耶何必祿仕
遂棄業貿易終歲勤劬以給朝夕二親桑榆賴以自適忘
其窶焉執親之喪哀毀骨立葬祭悉如禮翁少有志而以
親故不能試一割之用因扁其居曰樗庭蓋自況也居常
涉獵書史尤好讀醫書嘗曰古稱良醫與良相同功能起
廢生死人顧不可行吾志乎乃取炎黃俞秦之典及近代
諸名家著述熟讀精究久之充然有得既乃遨遊江湖閒
以其業濟人恫收顯效然未嘗斤斤求直晚歸教授鄉閭
課諸子姪及鄉人子弟慕義懷德無弗率教者命敬夫業

舉子見其學有進益喜曰吾之志庶伸於汝矣郡大夫歲舉鄉飲禮爲賓部使者嘗欲舉鄉善人里閈以翁姓名上翁曰吾豈能低首向官長耶力謝卻之性喜飲醉則賦詩見志音節自放有足觀者遇佳風月燕服扶杖率子弟從賓友涉諸名勝登眺吟咏務極其趣年幾八旬彊固若少壯時有司以詔恩授之冠帶踰年卒所著有樗庭稿藏於家孺人姓紀氏出丹徒名族相翁以勤儉理家舅姑性極嚴孺人身先諸婦事之惟謹每得其歡心或時不樂必懼求其故甘旨稍不繼輒先貸易以進不令舅姑知之成翁之孝與有力焉且好施與無餘蓄見親戚煢獨貧乏恤衣食之不計其有無生於正統庚申六月癸未壽七十有八子三長卽瓚負才修行方嚮用於時次璧早卒次瑋世醫

業女二長適眞釗次適醫士錢銅男孫八存者三人曰壽曰和曰可女孫五長適嚴宣餘在室予因憶成化初始居鎭江獲交易洞先生卽翁伯兄也後與易洞之子玉夫憲副爲同官蓋嘗因易洞以識翁又因玉夫以識敬夫稱通家四十年於兹矣

資政大夫太僕寺正卿亮天蔣公暨配王夫人合葬墓誌銘　楊雍建自西

公諱寅字敬公號亮天系出姬公伯齡之後其先世居東越自其高高祖八一公徙居潤之丹徒白沙鄉家世耕讀代有顯人十五世而至仕敬祖再傳而至高祖振魯公曾祖繩武公俱忠厚造家者迨公祖龍源公父瑞之公皆以公貴累贈至貴州布政司布政使公以名進士起家歷

中外凡三十七年由黔藩大方伯晉拜冏卿未數月以病卒於官廟廊之上咸嘆天之不慭一遺老而梓里戚族亦莫不以典型之淪喪爲悲公之子曰廣卜地卜葬有日編緝其生平遺蹟爲狀數千言走一介乞余言誌墓余自給假歸里杜門謝客一切應酬俱廢獨於公誌不敢辭蓋余與公同年譜並出考功湘曉張夫子門筮仕又同事粵東同膺　內召入部垣雅相親善後公復蒞吾浙糧憲身被化育已久以故稔知公之爲人公天性孝友自其總角輒知承顏順志以說兩大人心昆仲四公居長撫愛諸弟惟恐後封翁瑞之公封母許太夫人深器之督課甚嚴公誦讀恒至丙夜不寐弱冠補諸生每試輒高等已讀書焦山益攻苦其相與切磋皆一時名士甲午登賢書乙未成進

士初授廣之潮州揭陽令揭濱海每遭寇猝至圍城公率衆登陴躬冒矢石其守禦方略有專閫將帥所不知者寇數犯無所利皆遁去故終公之任揭邑無海患丁酉行取陞刑部主政以文名分校禮闈所取如潘君沭孟君賚予皆負重望者轉郎中分司讞獄與左堂李公天浴同心共事平反大案全活甚衆壬寅出守廣平廣平密邇畿輔豪滑橫行探丸椎埋輩時竊發公恩威並用所在向風其撫循斯民人擬之龔渤海黃潁川云是時封公與太夫人皆家居公愛日情深攀輿迎養諸弟妹咸集公綵衣趨庭敬上百歲觴兩尊人加説自後寢膳問視一如未服官時蓋其依依孺慕實天性然也丙午擢福建巡海道先是沿海苦寇警城門晝閉公至嚴刁斗遠探偵鎮靜若無事汛守

兵弁多擒捕魚者作賊爲邀功計公悉其弊嘆曰害孰痛大於此者力請兩臺寬釋之仍嚴責擒者以除其害其正已率屬務持大綱不事瑣屑爲得政體焉戊申陞山東布政司參政丁內艱未赴已復丁外艱公連遭兩尊人喪哀毀骨立凡坏土尺松皆親自封植營視喪必終三年始入京補吾鄉布政司參政督理通省漕儲夫轉漕之弊莫甚於浙鑽水次派陋規勒米色加貼費皆其積年踵成牢不可破者公下車悉除之其次第經畫務使軍不病民民不病軍而後止時値軍興運漕減裁旗丁之盜賣掛欠者比比見告公目擊艱苦詳請再三始獲入告議復浙漕之克輓輸如期至今幸免拖累者皆公當年力也乙丑陞雲南按察使司公憫滇民新離湯火波及疑似悉與開宥每遇

大案必紙加勘駮語同列曰此皆仰體　朝廷好生之德非僅爲一身一家計也他如發賑興學恤驛站嚴私派寛政凡數十條並請於兩臺皆獲次第舉行民甚德之丁卯奉

皇上特簡貴州布政使司黔地苗狆與民雜處撫馭之術少不當往往激生變公抵任後即與撫軍田公加意撫綏且親自註解　聖諭十六條遍爲布告咸使喻

上意諸葛武侯故有祠歲久傾圮公爲鳩工修葺選士民之俊秀肄業其中給與廩餼月有課拔其優者而獎勵之榜首周君起渭以貧不能娶公爲貲助成婚黔士爭傳其事有感而泣下者黔撫缺公例應護印地方利弊悉具疏以聞數十上皆蒙報可士民愛戴奔籲制台懇題實授以格於例不果戊辰仲夏黔山水陡漲鎭遠平越二府

尤受害溺死者無算老弱縛筏多露處公聞報惻然捐俸
賑濟俾居萬數隨拜疏入告請速蠲賑難此一方民部議
不允且咎題報之過公慨然曰吾爲　朝廷恤此百姓恨
不及鄭監門之繪圖以進寍慮爲法受過哉旋奉　特
旨內陞晉冏卿公朝夕孜孜博求掌故終不敢以官閒廢
職事時朝野倚重方謂公當大用以展所未竟無何玉樓
有召竟迫不及俟矣公屢任監司最久凡六與場事每試
必內外嚴戢常諭諸執事曰諸君各宜勤慎無懈忽致誤
寒士功名務期佐主司以拔眞才生平不問家人產即絲
粟之入亦委之諸弟同居共炊數十年始終無閒言昔人
稱田荊姜被應未之或過季弟洞思由部郎出刺雷陽公
寄語相屬曰清愼勤三字居官之要吾弟其勉行之二千

石職非易副也其矢心報國期昆弟之相與有成又如此若夫倡賑饑勸育嬰助貧乏通利涉其惠及鄉黨更未易更僕數謂非天下之全人乎哉配王氏累封夫人與公白首相莊其母儀婦德著於鄉里達於遠邇亦不能殫述至勤儉以操家雝和以睦妯小星之逮下晝荻之教子尤其卓然可傳足爲法於後人者公卒於康熙三十一年六月二十一日享壽六十有八夫人後一年卒於八月三十日享壽六十有七卜今年乙亥二月二十八日合葬於城南茅山之原公子廣善成厥志凡公生平一言一行無不謹誌狀中所載甚詳且核無溢美茲不盡錄錄其有關風教者以爲異日修家乘國史者採擇云是宜銘銘曰

佳城鬱鬱佳木蔥蔥公及夫人藏魄其中卜人占之此爲

吉壤九列之塋樵牧敢違豐碑高碣紀德紀功天語煌煌存歿哀榮朱紱方來吉祥至止宜爾子孫爰及苗裔

封君敏安錢公暨配陳孺人合葬墓誌銘

開沙封君敏安錢公享年六十有五於成化二年閏二月二十九日終孺人陳氏享年六十有六於成化六年八月二十一日終明齋輝君於成化八年十二月二十八日奉其柩窆於蕭沙圩是時期顯擢遲其銘及明齋君拜授南京府軍尉經歷司經歷及成化十八年公被洪恩得貤封焚黃於隧明齋君一旦言於余曰先人獲榮墓土幸矣而幽室無銘非所以永君恩也遂出所自製狀示余求銘焉余與明齋君同事筆硯易洞丁先生門知封君善最詳惡乎辭按翁諱敏安字近仁號虛中生而特異挺然超羣弱

冠從遊於郡庠蕭鎮之門自負一時人望者一見而異之與爲忘年友歷試弗得志遂不復出然明月之珠夜光之璧雖暗投道傍人人皆以爲奇寶是以郡主林公一鶚屢請鄉飲不赴詩酒自樂有古人風居恆教子每訓以居官節要吏治肯綮今明齋君佐黃鉞有聲爲宛平縣令者皆封君之教也封君見鄉人子弟賢而不能教者教之貧而不能衣食者衣食之以至老羸癃疾無不扶杖往觀生平大略如此若夫壤地之多蓄積之厚不足爲封君榮也孺人本沙陳氏相夫教子及涖内外臧獲井井有條處副室范氏有樛木風子三人皆孺人出長明齋配王氏孫璽寶璽好學不倦娶本沙嚴君讓之女寶娶李氏次子昇娶許女三子景娶謝女孺人皆訓以貞淑亦女中之君子也封

君生於洪武三十五年四月二十六日巳時孺人生於永樂三年正月十五日子時於成化十八年十一月初八日焚黃於墓十二月瘞石於陰故敬摭其概以銘之銘曰

資稟之賦克全其良孝弟之著克遂其臧人雖往矣善德彰德既厚矣譽流芳推恩褒顯煒煒龍章雙璧兮掩以藏子孫兮熾而昌生同室兮歿同岡勒石紀實兮內幽堂內幽堂永弗忘

成化十八年十二月吉旦吉安府儒學教授雲陽偉之鄧觀拜銘

鄉後學蕭楙琛 陳興年校

開沙志下卷終

開沙志跋

右開沙志二卷康熙閒王錫極撰丁時霈補輯王之瑚刪定錫極字建之時霈字澍臣之瑚字仲玉號鐵崖均丹徒開沙人事蹟並具此志吾邑大江中自焦山以下湧沙成五十餘洲惟開沙最大自隋唐以來有之元至順鎮江志卷七開沙去城四十里者是也其名開沙者在明代有二說一謂沙自開闢時已有故名一說地初連南山後江水衝開故名開沙志卷下弘治庚申張玘開沙八景詩序隋唐時地連南山厥後江水衝開遂有南泓之水故名　又隆慶辛未長安圌橋易名記開沙蓋自開闢已有之故因以名二說未知孰是其沙首銜焦嶼尾抱圌峰長六十里成弘閒沙尾崩坍僅存四十餘里海若爲災者屢矣康熙閒沙之首復漲已過焦山沙之尾漸淤將抵圌關幾復沙之舊觀即錫極輯此志時也錫極以此沙當弘治時僅

有張公佩八景詩未爲撰志乃蒐羅見聞爲之甚勤其自序謂取郡志提其綱翼以大家名集舊族家乘徧訪耆碩薦紳耳目所覩記參訂而爲書首里社人材次庵院物産若節孝隱逸罔不闡其幽光即碑記詩歌亦寶惜其遺墨而災祥蠲賑則掇拾於其末凡數年而後成是其創制徵事之博載筆之詳有如此也臥滄繼之探索補輯鐵崖復爲之删繁補闕一沙文獻燦然具陳矣惟尚應補證者志於諸港油榨港註云與石公渡相對考至順鎮江志卷二石公渡渡江至開沙當即至沙之油榨港也又至順志卷七蘿蔔港在開沙焦山舊鈔本此港在丹徒縣內今包刻本從劉文淇校勘記誤入之丹陽縣非也此志諸港內無蘿蔔港或已在坍落未能明也此志於歷代沿革獨缺元朝考至順志開沙巡檢司在丹徒縣東諫壁鎮其俸錢巡檢司官一員

爲一十貫巡吏一名爲三十貫職田巡檢司官一員爲一頃祿米巡吏一名爲六斗以上於官庫內支均見卷十三又有巡檢紀厰至順元年三月至卷十七此皆其應補者也又此志但載鐵崖題谿坍江一疏今考康熙閒江蘇撫臣慕天顏撫吳封事有康熙十六年丹徒復沙起科疏於遷沙失業田地之數康熙十年起至十二年止復墾田地岸灘之數分晰甚明此亦不可不載者也又上卷賢達於史記言事本於何絜晴江閣集何於少室僧道太和護記言其歸後載道情六和尋略謂二八同爲少室僧稱詩弟子居沙十數年太和返少室道清在沙死於盜云云此亦當連類及之者豈鐵崖侍御之所删歟此皆讀是志者應從事考輯者也此沙自雍正初載坍江始甚新圩柳傅定豐等圍素稱腴壤者相繼淪亡至乾隆

十年後僅存沙之首尾一綫而此志自康熙間刊行後傳本甚罕亦遂若存若亡順江洲者開沙曹府馬沙二圖也余就江南圖書館假鈔一本致之洲人周肄南召齊辛亥仲秋肄南付之排印存此文獻余近復商之沙籍陶兆文繼友蕭宏昭梂森引為漢碑出泉之助遂鋟於木冀垂久遠兆文復約洲人吳雪樵國增別為順江洲志以續此書庶幾故家遺俗賴以長存亦猶之前書之志也已未秋九月二十三日辛未丹徒陳慶年跋於傳經堂之望益軒

遭亂紀略

一卷

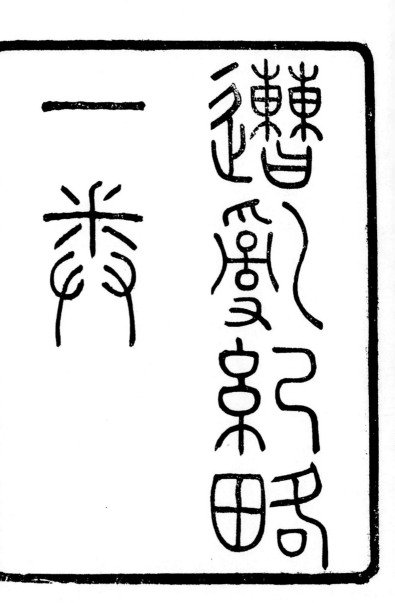

戊午仲冬
橫山草堂

遭亂紀略

潤東葛村解漣撰

前明鼎革時潤東一帶未遭兵燹安堵如常故宗譜不載其事今粵匪遘亂殺戮焚燬慘不可言爰述見聞紀其大略載於譜牒俾後世子孫識遭亂之情形且知得延殘喘以存一脈之不易云

粵匪洪秀全楊秀清等於道光三十年庚戌倡亂紮紅巾不薙髮奉天主教自稱天王建天德僞號鑄太平國寶虜民爲兵不下數十萬勢甚猖獗　國家承平日久民不知兵兵不習戰賊匪至莫攖其鋒不數年而廣西兩湖江西安徽等省盡爲所陷咸豐三年癸丑正月初旬陰霾之氣塞於兩間日色無光五十餘日時警信益急由徽省沿江而下直抵金陵

兩江總督陸公建瀛提重兵不一戰未十日而金陵陷二月十二日匪船抵京口十四日京口亦陷城中居民先期搬運遠則江北近則四鄉匪至而城已空縣主移署越河高王廟各鄉鎮設立公局互相保護東鄉共二十餘局小事局理大事歸官匪初至不甚驚擾至四月間　欽差大臣提督軍門向榮領兵屯南京城外與匪相持連獲勝仗匪不敢出蓋數年來能尅匪者公一人而已公眞救時良將也公特調總兵余公萬清防堵鎮江紮營京峴山江蘇巡撫吉爾杭阿紮營南門外九華山互相接應吉公於六年六月追匪至高資陣亡余公善守鄉民乃獲安業然軍民雜處不軌之徒勾引游勇肆行搶劫故咸豐四五六年閒典鋪與富戶搶劫幾徧報官置若罔聞七年張公國樑助守京口公原名家祥先陷匪

中爲向軍門所識拔屢立奇功洊升副將號令森嚴搶劫之風始息匪聞公至俱各喪膽公於西門外紮營斷南京來路江口多設礮船使南北隔絕匪勢孤危遂棄城宵遁鎮城克復張公力也　朝廷嘉公忠勇詔爲各營總統　賜予甚厚時向軍門已薨南京大帥和春兩江總督何桂清督理軍務公奉　命往南京協同收復屢奏捷音名滿天下雖婦人孺子皆知有張大人也鎮城既復內外房屋十存二三衙署止存縣尹參府二處鄉閒數年賴余營保守依然無恙並蒙恩詔將邑條漕緩至三年後起徵故八年九年閒有田無稅力農之家尚可苟完張公又將句容溧水高淳諸縣之被陷者漸次收復更築長圍以困省城匪首懼將潛竄十年庚申我軍糧餉三月不給軍士多怨言張公屢爲之請時和營尚

有餉銀數十萬兩和與何互相推託不肯給發以致軍無鬭志閏三月十五日忽大雨雪圍牆倒塌數十丈適東壩匪蜂擁接應我軍不戰而潰軍器糧餉棄失殆盡公退鎮江見大勢已去憤不欲生鎮城官屬再三泣請乃集殘兵守丹陽防匪南竄民之移城外者聞公至復進城焚香跪迎公善言安撫爲之感泣守城提督熊天喜見民戴公如此不自愧勵反害其能二十九日匪勢猖狂公出西門督戰兵刃甫接即報匪已入城蓋天喜棄城引兵先遁矣公知事不可爲遂以身殉據云死於東門之尹公橋垂成之功敗於一旦可哀也已當丹陽之未破也西南居民紛紛東徙踵相連趾相接道路擁塞有渡江者有暫居東鄉者我族過江止數家其餘或將內眷移潮鄉仍戀村中二十九日丹陽既陷午後兵勇潰散

由我村向北行不下數萬是夜黃壚被燒三十日有匪數十
名由南北呂村東向村人鳴鑼集眾往擊匪見人眾仍進山
口避逃於是各村會議謂賊大隊已據城南向此必假妝者
不足慮初一二日仍復如是東鄉義勇聞而來護者亦千有
餘人並追至南北呂村將所虜他處衣物奪回初三日卯刻
我族率眾出拒匪纔至村西段家橋已見嚴家饒巷留村紀
北里莊各處火起人心惶亂各自奔逃匪追至村東普濟庵
殺二十餘人幸丁岡北角里各村來相救援匪乃退是日馬
跡山復有匪數十出山口華墅張村等處亦有人抵擊申刻
方退初四日微雨午後匪由西南諸村放火至我村止我村
燒燬房屋二百餘間初五六七日匪未出東鄉各族會議謂
匪僅百人出沒無常鄉莊疲於奔命須向南北呂山馬跡山

諸口設立屯寨晝夜防守方可無事章程未定初八日辰刻東鄉數十里四面火起各鎮各村賊匪一時俱到旗幟鎗礮徧地皆然有遇匪被殺者亦有遇匪而不殺者此中盡有數焉少壯者多被虜去老弱者逃至江邊人眾船稀難以盡渡哭聲震地箱籠包裹堆積滿野傳聞此日四更匪有七八萬由西路來前皆示弱以穩人心至此大舉恣意虜掠被殺者投水自盡者屍骸不可悉數東鄉一帶被虜者約數萬人我村自初三後各家逃徙是日殺傷者數十人被虜者七八十人初九日匪由孟河直竄蘇常不數日蘇常亦失甫月餘而浙省又陷數府矣初十外我村逃避洲中者稍稍來集有力者仍居洲中時匪已據丹陽常雇附近農夫向山北虜掠夜半至名為出黑隊清晨至名為打先鋒吾村向來貿易者多

力田者少耕田盤井全仗丹陽農夫作雇工故村之虛實工所素知工指身村爲殷實故往來搜索較甚於鄰村或一月一次或一月數次不問衣糧什物傢伙匪取十之三夫取十之七十室九空囊括殆盡得利則滿載而歸失利則焚燒屋宇故十一年往來百有餘次焚毀千有餘閒村中光景破碎不堪所幸祠宇尚存差堪自慰匪又於東鄉劉巷村高築土城匪目張九元率眾千餘盤踞數十里日肆凌虐民不聊生未亂以前本村耕牛百有餘頭此時非獨本村無牛鄰近村莊亦無一存者當耕種時有力者不惜價昂向洲中租用其無力者望天浩歎本村之田大半荒蕪矣同治元二年夏秋雨水稀少溝塘雖滿車灌無具收成寡薄匪征求無厭存活艮難又有本地棍徒助匪爲虐出則結黨蔴徑入則勒詐貧

財冤苦塡胸無可控告莠民存而良民益苦矣更可歎者我族貿易之家多在淮北而淮北又遭捻匪之警咸豐四五年間安徽省蒙城縣捻匪亂起推張樂行爲首聚衆數萬專事搶奪時南寇方張聲勢相倚寇匪日多不可數計蔓延河南山東江蘇諸省　朝廷命勝保袁甲山等爲　欽差大臣分路迎勦未能殄滅八年九年徐州府所屬州縣焚掠殆徧十年正月匪由徐州宿遷馳至淸淮河帥庚常方張樂設飲大慶生辰淮徐道吳公棠屢請守險預防庚以探報不實辭因未設備匪以數十騎乘夜突至軍民倉皇奔竄聽其焚殺庚於醉夢中隨署役逃遁幸以身免而袁浦重鎭剽掠一空僧王奉　命領京兵征勦軍勢大振奈匪巢縣亙數百里山東河南更有白蓮敎匪聚黨十有餘萬相繼爲亂遽難奏績同

治元年正月海州沭陽安東阜邑各州縣鄉鎮店鋪均受騷擾至三月初始去大抵捻匪之害較粵匪稍輕其燒燬房屋與粵匪等幸其不爭城池專虜財物盈囊即去民猶易甦不似粵匪旦旦紛擾也二年春總兵黃防堵淸淮其養子陳國瑞勇銳莫當屢勝匪匪首張樂行就誅僧王知其勇調往軍營屢奏膚功奏加提督銜六月捻匪敎匪悉平淮北士民交相慶賀未幾而苗匪又起矣苗匪名沛霖少讀書有膽略捻匪之亂招集鄉勇保衞一方不從匪亦不擊匪匪畏其强兩不相犯擁眾觀望志不可測將軍勝保諭以大義奏請　恩賜川北道銜俾立功自效未滿其望心常怏怏會勝保獲罪逮京勘問益不自安遂舉眾叛鳳陽壽州臨淮關等處先後俱陷據守城池聲勢甚張淸淮震動官軍屢戰不利幸天奪

其魄十一月初旬苗潛出探營鎮台王萬清偵知急令開礮竟被擊死匪首除而餘黨不足慮矣始得撤兵專勦南寇先是咸豐六年向軍門歿於軍　天子震悼特簡曾公國藩爲經略掃除粵匪匪據金陵專思北竄所陷之地秖設僞官故粵西兩湖江西等省易得易失曾公大兵駐劄安慶同治元年遣巡撫曾國荃提督鮑超屯金陵城外屢勝旋復雨花臺得窺城內虛實二年江蘇巡撫李公鴻章素有謀略移署上海兼辦夷務爲華夷所懾服匪僞帥據守蘇城慕公名願納款投誠公許其降順貸以不死十月而蘇州平並江陰無錫常州所屬諸縣亦平三年春高淳溧水句容溧陽金壇等縣近金陵者曾鮑率師漸次克復劉巷匪於三月初先期投降鎮城馮公子材丹陽匪首英王叔勢孤力竭於四月初六日

投誠初八日撫軍李會同曾鮑攻破常州殺傷甚眾六月十五日曾鮑率大兵由地道入金陵城賊進退無路奮力死戰自提鎮以下武弁陣亡者數十名省城肅清擒其僞主獻俘闕下是時洪秀全楊秀清隕命已久僞主蓋秀全子也積年巨寇一旦掃平江北江南各安衽席惟房屋被燬之家欲歸不得未免望故鄉而悵悵耳漣流離數載衰朽不文謹載於篇俾當世之徵文訪獻者有所參考焉同治六年春月

遭亂紀略終

丹徒陳麒年校

遭亂紀略跋

右遭亂紀略一卷解漣撰漣字誦芬丹徒邑庠生先世居兗州滋陽縣葛村鄉宋紹興間徙至潤東藍墅距城四十里許仍以祖居名之曰葛村漣授徒於村西之紀莊凡四十年居鄉緘默以寡言勝人多言族人重其學行延之家塾稱爲受經先生咸豐庚申避地下河事平還里纂修宗譜於同治六年春記述亂離並淮北捻匪事爲此篇以告族人逾年戊辰六月卒年七十矣余於庚戌間從周子如焦東閣叢書中鈔得一本戊午冬月得解氏宗譜本參校文較完備蓋後所改易者也今從之付梓惟譜題爲寇亂紀略與前序俾後世子孫識遭亂情形語不合仍從周子如鈔本作遭亂紀略云庚申之亂丹陽失守賊黨協力圖鎮防擾及四鄉焚掠至慘吾

邑西南鄉事有巨村歐陽曉山蘇庚申遇賊記詳之先君子輯入京口掌故叢編東南鄉事惟先生此書他無聞焉余所爲亟亟傳錄者也己未仲秋月十四日壬辰丹徒陳慶年跋於傳經樓

焦東閣日記一卷

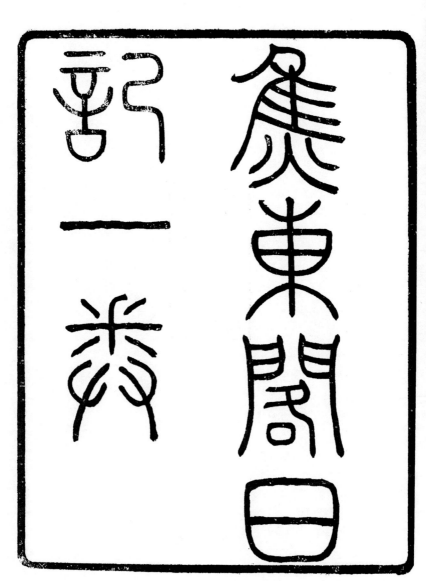

戊午仲冬
橫山草堂

焦東閣日記

丹徒周伯義子如甫著

横山草堂

咸豐元年辛亥七月初八日　聞初二有大星落西南角黑坐能見面目家慈見之謂其光甚紅余於邗上亦聞之張炳坐鐙下見之謂其光碧卞新坐月台不掌燭謂其光白

八月二十五日　昨聞上海貿易者云地中出血事果然沐香云裕庭言嘉慶末年丁卯橋地亦出血本地是年行羊毛瘟亦無他異

咸豐二年二月二十四日　乘肩輿至白兔山拜掃墳上爲鄉人劚草根狠藉此風可惡思有以治之

十一月初六日　晚膳地震屋宇十數戰聞他處頹垣有傾者夜大風

咸豐三年正月初八日　日中鄉人雜談聞去歲冬月前有流民數百落山中萬壽寺有男女分上下飲宴淫賭日費甚多若大富貴者不知錢所自來踪跡可疑保甲劉二往與談曰本地自夷人犯境後共連十甲每甲千人每歲一聚聚必自甲至癸各演戲一本然後共來此寺甲長議來歲章程今適會甲之期正演戲第二本不數日當來此公所之地不能久借可移地他處也是時十三灣方演劇措詞正大不失吾鄉體面口才可嘉流民乃去飲馬頭某酒市至歧路躊躇市人聞其聲言踏青細察之凡轉灣處皆有青草一堆蓋前此已有先導矣此其暗號也

二月二十二日　早膳時聞礮聲甚巨午後郡城破

二十七日　午前至馬跡最高峯尋舊石復不得石如水晶

綠色記在西山之陽乃桃源再訪路徑俱迷沐香所謂可遇而不可求也今反疑在陰山深磵壁上矣容當再求之

三月初八日　巳刻地壘震三次午刻壘震兩次

十七日　初暝地震

二十八日　余於松蔭堂舊篋内得詩一本不知何人作中多稱莪園意似澤令先生門下地落居止的東鄉友人有名張道光者似其人當在嘉慶前詩好醜不一類録其和陸泗源有懷莪園昔聚贈别彭佛眉云此心願與凌秋月化作寒光散碧虛北覷鱣堂親瑞雀南闚雞社拜艮書鐘敲野渡煙痕靜水寫停雲柏葉疏重憶故林應有夢幾堪蕭寂訊僧居五峯山雨後云山似陶詩不用妝雨中更道謫仙狂一條龍骨初奔澗萬點銅光别有香麥岸斜逆

村霧碧松梢新著晚煙黄春風滿領山中趣何處懷人華子岡放歌行云爵之蛤龍翩翩物生變化無常理一朝在田復在天誰爲花開落藩溷誰如花飛上錦筵蜀貍邪犬倘欲升天軒邱之鳳何遷延君行萬里莫回首車輪無角馬蹄圓華陽故里云一椽欣有託無田愛力耕夜雨壓空林徒聞窈窣聲侵晨望山色山勢復奔卽雲去數峯青雲來數峯黑平疇望流澌岸上題荆棘我行過南溪水流東復西丹榴照寒漪燕啄花閒泥燕泥巢吾屋來伴齋中讀秋夜云落落莫莫涼風颸雲光蕭瑟蟲吟秋音書斷隔蓬萊邱故人不見心煩憂白日如鏡懸高樓就中玉女彈箜篌彈罷不聞聲歎息懷思入戶當窗織詠史云誰爲直指使當道驅豺狼誰爲顧命臣抗牘劾姦璫誰爲攀朱檻大

呼駭朝堂誰爲韋君裾慄慄皆悚惶浩氣排古今忠精貫青蒼以此七尺軀化作百鍊鋼功成期一割揮手落欃槍山川爲改容日月爲無光黎花云子建當年賦洛神欣逢縞袂玉山人梅花既謝還留夢杏雨初殘別有眞嬰武幾回呼小玉丹青無處畫昭君可憐寂寞沙隄上空作江南慘淡春

四月十七日　早與沐香乘輿歸午刻至一泿圩見逃民滿野婦孺皆哭火光似在焦東遇熟人勸勿歸者凡數四乃回徒鎭等信既知陳夏門一二家被燬本村朝幹外祖家亦遭兵燹尙未延燒乃與沐香回鄉適芸谷亦至隨呼車五輛乘月而行哲文同歸同鄉被湖南鎭筸鎭兵劫已數日

二十一日　聞艇勇接仗營兵復至焦東約數千人又傳焦東合鄉被掠盡淨

六月十五日　艇船潮勇皆退至諫壁

七月十二日　昨聞月湖人言孩溪前年江竭片刻人有見之者江底稜起如田鱗然

十月初四日　午後小眠有聲來西北屋柱皆震疑地鳴疑天鼓似雷似礮人皆聞之

咸豐四年甲寅正月初二日　昨聞礮聲連環甚久今閒一聞

五月二十二日　早膳後與張四任三登山觀水戰上海舟失火自焚艇再進

八月初一日　前數日焦東南山麓二廊廟後生一物長約

六尺粗圍一尺餘牛頭無耳角皮如龜皺尾有鱗前兩足五爪後兩足四爪人謂鼉龍欲送之江則噴氣若怒謂送之廟則伏奔入巨筐擔入廟夜不復見詢之數人皆云親見二郎廟香火甚盛

九月初九日　重陽節清早先起出廟一望地數十畝周年不生一草所謂光明地也兩旁走廊市列中聳戲臺只六柱遠去直下約半里白石爲街氣勢雄整大有郡中府署光景游回量銀杏支手凡二十有六早點後與鐵如彤雲小山慎之夢庵敬安同至夢庵家早飯喚兩人車二部送至下社七人遞行路中過席祠下社二冷過親友五人過吳敦常書齋出觀瀾門至江濱其地爲磨盤山麓即五峯之最西一峯也他四峯皆石此峯獨土峯麓亦有石且濱

江遂附石而下鐵如濯足萬里棄腰劒葫蘆於地敬安思拔劒斬蛟余曰此吾家事也不可讓君敬安遂取葫蘆吸三江水形雲坐看雲起余登一石中凹如交椅甚便高臥首足股肱皆有著處起可膝坐惜未攜琴至彈海上仙心夢庵據險壁置身獨高可以臥觀垂釣既而二冷至同由江上石壁徑至虎洞初到翠竹萬竿蒼松滿山籬邊有微缺倒木横溝可以爲橋穿之入緑影蔽天仰不見日亂石壘徑半没苔蘚低處自然成澗流泉潺潺窮其源上有夾壁雨後瀑布當更可觀近華巖寺山犬迎人枯僧速客午飯後游虎洞洞爲壘石牆所蔽遂援牆半空窺其大略由亂松處登中峯亂石枯草不辨徑路山側如壁攀樹猱上至中脊皮鞋爲石所蝕光滑如鏡山側較甚更無樹木平

立何欲如盤走珠遂橫行學蟹曲鞠為弓手握草根鼠抱而上登中峯最高處立石俯看壁隙孤挂四望空濶州聲江帶將下鞋滑更甚坐而行夢庵由山腰尋得別徑環曲到西二峯過峽處同人或坐息或候二冷或相扶而行余坐峽觀石壁愛其奇特下山由松徑曲折約一里許到紹隆寺茶坐片刻由前山游松園時已日暮矣以月為燭秉之而游或登山或石道仍至下社過吳敦常敦常亦過虎洞不晤復由江濱從華巖正路行登口嘴小阜月色江光風聲秋氣使耳目心肺一清華山紀游

初十日　同鐵如夢庵彤雲寺旁得一石穴蛇伏而進劒石朔壘曲折遠通猱引牽連而上竟達虎洞又登寺西曬場面南平正全山在目而左江右山屏石砌竹此茅庵佳處

進早飯後游蝦蟆洞於山陰獨能向陽可以讀書養鴨栽荷種花又一至新礮臺沿江拾卵石得一石如硯有天然池一石紅文成力壬二篆書惜質皆粗礪華山紀游

咸豐七年八月二十二日　午後石公渡高峯觀水戰燈下成總統至詩云紅旂報道總統至人心紛紛大可異强者失驕氣懦者有立志嚴者益鼓勵疲者振聲勢賢者談經濟愚者道名字恩者忘報施仇者絕妬思安者望平治寬者洩忿憧居者夜無備行者日有恃淫者不容恣盜者不敢肆暴者甚矣僨亂者惕然畏諸賊聞之作避計總統先聲有如是

咸豐八年二月十九日　閱金沙虞白溪溶詩詞稿守城行注李游府鴻勳布置守禦諸法甚爲嚴密臨時鎮靜外示

優游又火藥房在龍王廟十五日夜火發即時撲滅聲息
不聞又城外民房盡爲賊穴乃募力士縋城放火北門外
大王廟尤爲賊衆所聚盡行燒燬斬獲甚多又二十九日
天微明時賊放地洞礮向外發斃賊無算又裨將姚德龍
獨當洞口連放十餘槍每發輒中賊始卻姚旋中飛礮而
亡又陶都閫茂森黃游擊金友先後帶勇由南門入城又
李游府屢督兵勇出城擒斬甚衆又城外官兵屢獲勝仗
八月初五日張提軍驅馬隊在前步兵繼之追至顧龍山
斬殺數千遂通南門又是夜二更賊去又初六日張提軍
進城又有李孝子廬墓詩其大意孝子名西輝字朗山西
岡人乙巳春父明節歿越歲母鄧又死丙午迄己酉墓廬
四年同人勸歸爲呈請學憲賞額又有註七月十四賊圍

城二十一晝夜張提軍來援八月初五夜賊遁去又官兵圍句城日餘賊衝至大茅峯李小坪慮再竄金沙急返隨身只數十騎大呼陷陣被害

三月初七日　早聞茶鋪人言往歲守金沙有李逢春者字鳳之以外委守城領軍官思逃有義子從李遂刃其義子領軍官嘲之詳其不受管轄上官將杖之李以爲可殺不可辱終杖之顧擢其職當刃領軍義子時李公鴻勳以爲能出令有欲出城公幹者皆聽李調遣否則殺無赦人心以固又由城縣之下只領二三人賊見其單來返逼城數人避頹垣下城上礮發喪賊無算大敗李率二三人追之獲級數十後往句容猝遇賊只數人及兩礮使勿動虛放火藥賊以爲無慮矣來撲遂發礮傷賊甚多白兔之敗退

者甚眾獨後立橋上發噴筒俟諸人去遠獨馬回諸賊返至又立馬發噴筒神勇乃爾是役皆帶罪總統獨擢李平時出戰隊下不準羣立避礮也旂揮舞礮隨之出使不見也礮用乾巾洗發至速出人不及掩也總統嘉之使帶小隊以勇陷陣止在金沙橋下有林雋者廣東人爲李冒紅巾下城燒屋又冒紅巾出請火藥金沙能守林與李有功焉顧性烈後歸他人管轄竟至以軍法處死惜哉

六月十九日　席中聞叔美言林文忠公再撫三吳時夏旱滸墅關旁有龍湫文忠以虎骨下之回署大雨數寸霹靂擊署前照牆兩折蓋由逆天示以威也非文忠忠君愛民危矣他年又旱鍾守於城中五龍池求雨池有石龍頭五池不方丈水不溢不竭傳者謂地有水脈五石龍鎮之否

則三吳盡澤國矣碑言天旱加水過龍頭卽雨車水灌之不應鍾守不敢用虎骨變通行之沈火刀三頃刻大雨火刀卽市上吸煙擊火刀必有所本博物哉又言乃尊署寶山時寶山濱海曾於月夜見蚌吐珠淩空數百丈散如五色霞徐徐乃滅蓋收珠矣蚌大如小山又傳有一巨蟒嘗至寶山食猿歲一二至有巡海船遇之離百里但見煙霧風浪掀天離五十里浪靜蟒已張頭山上目如日月項高如巨峯其半身猶在海也急張帆避之

七月七夕　入城由五條街穿巂子巷淒涼瓦石路道都迷

八月二十一日　月內聞東西早晚各見一星光射丈餘或云恐卽一星早晚隨天轉也早起太早未出復眠又起遲晚見西北一星在北斗西稍南光正射斗柄第三星背約

一丈餘幾可及光尾略曲向下微如弓蓬蓬然約一二時許方落

二十八日　擕寬兒赴郡城城中移居者甚多至府後將登北固十三門已閉出西門將過馬隊渡江市廛多閉遇浦口難民船知二十浦口失守

九月初五日　天上星光移宮去天河五尺光正射北斗由西移南較初見移二丈許較初一二移一丈光初見射斗中正西既射斗上西北今離正射北起止略如弓正隨天河圓曲星與光皆去河五尺長一丈許月不能掩

咸豐九年正月元宵日　錄伯蘭憂患勤筆摘避嘆記略言林文忠朱方監河寓大王廟不受宰尉供膳自備一腐一炒肉夜坐逍遥座假寐片刻即起壬寅夏朱方閉市地保

陸强設局賣平糶米四方賴以得食是時楊威屯無錫總制牛鑑守金陵余軍門化龍晝夜兼程來救青州壽州兵守城都統海齡不納軍門之救竟使忍飢持戟六月十五有僧縋城下言都統架礮城中將使官民同燼有二吳客至嘆艇投東攻十三門破之民間節烈多半自經兩學泮池尸骸殆滿九里街蔣秀才手持紅帖特書大清秀才誓不降夷死於西門橋上文忠幕賓言一二細事以草帽繫夜壺上順風流去使識水性者隨之乘彼款笑突出砍營又木櫃置大蜂無數候霧置木牌上用猴打鼓嘆開礮打櫃寇避猴與蜂行伍亂大軍乘之嘗乘小船出入嘆水寨讓不敢攖其畏服如此避紅巾記略註口外但知畜牧文忠教以耕讀導以禮義其民愛如父母咸豐辛亥有客攜

銀二盜尾之投一莊主人納之盜至爲饋五百金款之而去據閩邑宰索賄不得發兵圍莊執主人下獄盜曰爲我等也遂率衆開獄以莊主人出遂陷全省文忠受命觀者如堵公命徹輿帷至粤推誠相與賊解散半道公薨賊乃復聚總制徐靖侯焚賊巢斷歸路賊潰散尋復聚於兩湖二年家家竹開花南省藩司祁宿藻合家盡節將軍守甚力與官同死賊至人家去門聯下科第匾徒令張公斬搶犯二名搬運始安城空不以資賊廣東劉三老領潮勇由局董捐府加道銜陣前受傷卒於鎮姪亦陣亡參將劉開泰亦多奇績四月鎮算鎮兵淫掠鄉北六月十三京峴兵潰十五賊至朱方潮勇翦尾隊殺數人十七賊大至潮勇退河邊一丈守尸或棄尸於河犬亦赴河死向軍門木欣

三日至金陵和軍門春復紮京峴余軍門萬清繼和公後甚得民心武進縣孫公募武勇勇目黃姓攻城已登潮勇放槍賊覺之得堅守四年元旦潮勇武勇丹徒對陣後和潮勇劫華村賭局局埋勇一人遂燬華村劉子才來彈壓始退撫軍吉爾杭阿收復上海五年二月與喬觀察松年駐九華山各營妓皆避東馬頭局董請築萬年壕三月猖山總鎭李德麟駐金山水營丙辰西門虎營陷吉撫軍偕劉觀察崇山往救遇害守府戴九如勇將張義國殉難向公臨薨執張公手託以重任斬水營一大將艇師方不敢通匪總統設伏西門賊目吳如孝逸去十月十二羣賊出殺殆盡投余營者皆生城內伏礮多傷兵民十三復瓜州四年有婦戒賊目楊秀淸放婦女賊笞之賊自覺痛以爲

神從其言揚州三年一失六年二失八年三失勞勞篇註鎮軍鞠殿華敗於江浦　欽差德興阿連潰擬入六合爲民勇所阻至邵埭見六合人便殺張鎮軍裕梁來救亦敗郡西甘泉山大遭焚掠九月初三賊三次入揚　欽憲托明阿祝雷公雨田生日湖南兵引匪入城起銀窖八日而退再失揚州毛鎮憲三元守三汊河甚力得軍民心雷營有五虎二十四犬之謠後亦有夤緣在職者司馬周達夫陷賊哀故僕在賊者得出甘泉李敬顥失印逃向雙橋地保貸五百文故相阮住僧道橋有常二牛子多膂力練勇賊不敢犯張義勇名義國字小虎江壽民送款張欲假城隍令箭殺之復揚州與有功後盡節高資德憲欲退淮住河毛鎮稟邵埭乃江南門戶下河屏障淸淮要衝斷不可

棄願自守乃止遂與鞠鄧諸公分紮萬福橋張總統來救各營渡河總統命長髮勇驅猪入城賊喜曰自家兄弟來也明晨見四門告示方驚走總統追至陳板橋賊潛繞大兵後命回軍殺賊甚衆十五收復揚城再失時太守固守不去出眷屬示民後陷被虜去十八賊用地道轟震六合城陷淮海道郭霈霖發工食每日五十文募勇先逃出城內尚有錢萬貫火藥二千擔盡棄以資賊六合濠深不得過驅儀揚老弱塡濠尸與城齊遂入城邑尊温紹原字伯平賊至屢出奇計曾用草紮人塗以泥賊得營踞其內公圍草焚之超陞府加道城陷與見任李公自經將士亦殉節董五人同赴難石賊大開由江西竄浙曾侍郎國藩討之勝將軍保滅賊將盡賊竄天長李姓投誠賜名世忠匪

三月焚李集仍歸徽境九月三晝夜行八百里直抵高作連燒埠集三年李三鬧兒潛入朱三鬧兒地窨內高在午邑侯訪於陳五風子擒來李賊子方十餘歲在賊內執陳殺其一家和尚方九在揚當勇與賊目有一面前二日謁和尚和尚曰如過我斷不讓賊至睢之東門令曰須留老九一面睢城宴如三年賊至高作董事姚佩珩命開槍會賊見火藥至是執姚數復仇之意支解之

咸豐十年六月初六日　口岸沙土平洋多旱穀然地夜潮性能耐旱夜潮者夜回潮而潤也池栽菱謂雷時生杈枝人持竿擊水助之無雷則一盤一實雷少則實少蓋一杈一實也又植香橼寓中有一株才人高十姊妹已巢三年此樹須此鳥巢始實然寓中樹尚未實安兒謂聞之洲人

須除夕以金釵剖其皮舊洲寓門前樹未數年去歲用其法果實且多新寓桃園結實多蟲或謂刀劃桃皮去其汁則結實不蟲洲人卻用其法口岸鴉如鷹不畏人頗於人手中攫物漢川家燭臺在家爲攫去落田中蓋取其蠟油也絕去之法必獲一鴉剖懸之簷際始不敢來土人謂之示衆地不見燕疑避是物

七月二十一日　聞十六金壇破兵過四千至諫壁總戎馮收入鎮江亦調辛豐守兵盡歸城前二日東鄉又大驚

十月初四日　聞焦東稍定五更地小震

同治元年九月十八日　月下王冠三來過言吾郡昭關有小石碑四字爲饞飴孝血款爲崇禎八年吳爾成弔伍師又關帝廟木牌樓爲萬歷閒浙撫荆州土所修久不朽壞

與張王廟石坊皆無麻雀作窠亦異事也初廟中道士夢神言若要此廟興除是荆州土醒因募楚船各載荆州之土以爲功德積成小山矣仍無起色踰時荆撫赴任遭風默禱平安至鎮隨作功德至適見廟募修因興功焉名適與夢符又言由茅山至華山中路有湯泉熱流約十里至分水橋乃止橋中涼暖分界亦異事也

同治二年九月初一日　錄虞月溪味蓼軒近作卷五摘其庚申辛酉南冠集小敘云庚申三月二十六賊自溧陽窜歷吾邑不旬日擊退至閏三月金陵大營潰裂二十八日賊以大股進圍爲久困之計其時自蘇常以迄皖浙均以次淪沒獨吾邑孤懸賊中死守百有餘日糧盡援絕奸勇內訌至七月十六日城陷闔邑紳民悉遭屠戮爲開闢未

有之奇慘余自城破潛逃輾轉蘇常一帶由虞山復繞澄江九月中始獲北渡由靖至泰由泰至興辛酉春又移居延令之長圩流離瑣尾不忘土風其猶鐘儀之意也夫

同治三年七月二十日　昨聞霞城言前月十四夜方乘風親見天如下壓斗辰衆星皆逆行而左若推而移之者約數丈之遠時無片雲明月在天而氣略暗同村愚頗抱杞人之懼取黃昏星記之片刻復歸原所天亦漸高清朗如故矣不數日聞南省於十六克復以爲其應在此

八月十一日　朱曉東言近月回里鄉人云諸山時於夜中作嘯聲如雌雷越日五更果聞聲起由東往西北時適宿苦竹里老人言主旱否則地陷亦異事也

同治四年四月二十五日　由新河街出京口閘至銀山看

洋樓近年於此設鎮江關俗呼如鎮洋關余獨步至金山
一游殿宇皆無賊於此圍一磚城尙留僧有歸者結茅其
中
五月二十九日　前九儀在鎮見府示賞額獲虎保舉外花
銀二十兩云京峴有白虎一隻時近城門而城中亦有狗
頭虎及大蛇蛇已獲一條頭粗如巨碗更有大者皆積年
人煙稀少之故山內開荒獸物無藏外竄也
同治五年二月二十一日　攜寬兒高孫乘小車至白兎山
邦聖公墓拜掃由丹徒至横山凹皆大路至山麓有十字
路直南便向山前轉而東道至横山凹過凹便是三茅宮
每年三月十八有集由十字路達凹南嶺共有三沙第一
沙頭有叢墳無碑沙麓夾第二沙中有荒田一方他沙無

焦東閣日記　横山草堂

田也叢墳再南如有小沙東北向一壙別無他墓卽邦聖公墳也第二沙頭叢墳多石碑多方姓者高碑有進士銜名再東一小沙墓有明代碑第三沙又一墓一碑過此沙便入凹矣

八月十六日　夜夕刻月蝕既約盡一時始露初由北掩至南露明亦由北至南非退吐也半蝕時有淡雲來襯暈而生華片刻雲過卽已盡蝕後雲漲滿天約數刻微影亦無吐光後雲又展時約三更矣四更小雨

同治六年五月十二日　早發至夾畿過錢館一談飯後回六陽觀橋西南一游山重岡四繞此山特起周不一里山北臨淵曲抱兩峯平列如門峯起方角峯左右又兩圓峯對峙後山如蛾眉平整雙接之最東一圓峯落而爲小埂

起此後山埂兩旁皆塘當後山中立見前左右分列七峯
又一小峯最低曲行起衆峯中間止若造物有意爲文者
晚仍寓劉氏
同治七年正月二十四日　往甘露看鐵塔塔餘七層半連
座八層半由下數上第一層南一門中空内磚磚内木蟾
木亦中空如古樹有刀削痕中捏之能下不甚堅矣木作
黄楊色蓋老杉也第二層東北飛簷託盤已無故前高後
低塔從此而斜他日倒塌定由此矣三層東北面鐵面中
裂第八層頂上飛簷尚掛塔東北角尋覓無跡登淩霄亭
後由塔旁下山濠溝水濱卧一塔面僅餘兩面一層共計
八面餘想爲人取去矣頂上飛簷尚整去丈計在溝東北
岸根人用石敲去小塊其查口如新鑄砂星閃光蓋生鐵

也兩處皆有紅粉古磚一二塊似塡塔門者鐵落處去塔不甚近在其東北而山坡無缺凹墮落跡兩面之鐵約亦近百斤一面門旁立二佛一面上下鑄小佛數層以意測之蓋係偏重自倒頂與索及碎裂者必稍輕皆爲人取去矣而山門乞丐謂是夜忽如有呼之令起者忽聞風聲一陣又言連夜皆聞風聲由笠庵江岸歸其地至象山分頭二岸三岸四岸笠庵下港曰甘露港乃頭岸柴蓬前爲金綫港見則洋人立有義興洋行界石此乃二岸再東乃三岸東港爲紅橋港上曲通九里街雙橋一路金綫紅橋夾港皆大岸其東達象山爲四岸象山東始爲五岸陸家圩在和山西圩

二十九日　赴郡由九里街一路往來訪問故民遺嫗知所

歷者爲單橋其河上通萬壽寺一路其橋爲雙橋爲羅家橋九里街頭其南倚山山北爲街山東麓爲文昌閣閣之南路爲蔣家門汉街街如丁字東爲街頭西赴郡北不百步有石橋舊名板橋橋去聲過橋地名劉家圈橋下之河上通單橋下由西北入江其出口爲紅橋港地藏庵南倚山峯峯西有窠山去街便稍遠北臨江一路爲三岸以東爲西岸宗家橋橋已圮舊尚有板石代之下有埂溝今並小溝亦無矣其北爲地藏庵西第二窠橋下舊蓋以出此窠之水也吴家門今尚有蕭姓結廬周家門至楊家橋爲止楊家橋南又出一窠橋下水溝以出此窠之水牟家門其南倚山麓麓中斷成凹名牟家凹北爲朱氏祠濱江仍在三岸一帶準提庵俗名三和尚庵庵西南斜行百步上下入凹便見郡城凹東高崗有居民俗呼爲花院北門外花院甚多皆花農也各以其家之姓名之曰某家花院約有四五處非花園也入凹路東舊有農壇地址在南路西在小峯之陽爲夢佛庵地址王家池前後左右皆名王家池南至山根蕭姓舊宅今尚有指爲蕭二鬍子家者屋後一池牆入池麓可望而不可入兒時愛其水清而境幽每過此必繞其東面臨流少坐焉北至夢佛庵小峯西麓其北則爲觀音堂李家門之閒矣園致中家舊在其中陳秉卿家統呼六竹巷寳亦係王家池一路六竹巷其聲如此蓋以轆軸而名也其南爲北門街街頭數家舊有三茅行

宮東南有一峯其西麓爲外城隍廟近廟爲祭孤壇峯在
南爲花山灣峯北蓋蕭二鬍子家矣巷之極北地址街頭
爲觀北門街舊由六竹巷入城兩路直行便由許氏花園
音堂北直到城河邊轉南向城橋許園舊有亭正
對焦巖今無房屋視之一山峯也由
巷南行便入北門街外街東首里門由準提庵西行到龍
埂一路爲李家門由準提庵西行四五十步是南向到先
農壇入凹石路不南而西約又百五六
十步石路南即李家寶塔塔磚砌亦不過如人家下觀音
屋脊高其址向存正對夢佛庵後峯最高之項
堂一過塔數武路北有都天行宮舊有老尼居之觀音堂亦
庵兩進在丁字路口橫街通龍埂直街南行達六竹
庵堂左右一帶皆以下觀音堂名其西才院兒其南之
北蓮江一帶在金棣港柴蓬一路矣山名烏
龜山山東南之凹即寶蓮庵故址其北人家名笤埂埂高
水溝溝出江者名金棣港其東達龍埂埂下有橋當別問
其名到城過正和及德記遇茅三同至焦裕成過雅初松濤
前晤雨山一語回由六竹巷出下觀音堂沿路訪問居人
便志焦東志

二月二十四日　步至白兔山高祖墓拜掃回到朱方鎮市

頭一飯出街訪一路故址東屏山盡處起盧氏莊房在曹祠南莊四面皆溝溝外皆田田南到鎮後北到大路東亦到鎮後西到山腳莊前石坊覆地未損背面所紀皆奏題諸官長名其時爲雍正二年也莊房中有山石有小池有一土堆小山其西南溝外又一土堆小山較大山外西南又一大池蹊徑頗佳遂由此山下行日中達東屏山麓其所行田有溝引似曾作濠挑平者官莊在山南鎮北從此入京覗山大路未到莊上冷家樓在東屏山盡處東麓其南即官莊樓一進前有一層如院遺址尚存亂前行曹祠大路見樓窗洞開詢之言冷氏宗祠老者又傳言是秋江先生讀書處也王寅後曾於中啟茶社未曾至其處今隔溝視之由山南沿山山腳皆溝溝隨山轉祠址稍出如昏蓋山之餘氣也溝亦回繞擁之溝迤邐出戴家橋另一支中分繞盧氏莊後櫻桃園小憩地名下莊地多櫻桃故名園中尚有老根發出新枝有二三本業已開花竹根存者亦發新枝莊東南入山窩窩之東山嘴有瓦屋數家即王家灣莊前山進一重爲大裘灣小裘灣西楊家灣福勝庵在下莊西其村後也朝北一進道士所居朱方鎮天祖廟下院庵牆尚四立無屋矣乃其北爲一截跳由跳出港處名焦家港其東即三截跳由跳出港處名王家港港西一港名蕭家港再西一港名侯家港有侯家橋大窰凹其東有殷家村又名殷不眠詢之土人言十數

年前有殷姓住此以錢放利債爲業人甚陰險人以此名加之乃插號也非其地名陰不眼者由俗取云陰不陽腔也入凹東通楊家灣西通朱家灣 尋祁家凹 在龍埂上疑卽此處入凹南一山脇西一山脇脇又轉入南皆有山水衝突砂石地甚幽僻惜不陽敞疑舊有祁姓住此無遺址可尋亦非居家之所或當在凹外結廬歟

到家近莫記

三月十四日 天長無事出北門山頭各營舊址尋斷碑殘碣第一山頭 地名燒人廠山頂一池在營中有似天池其麓對城者城中劚取黃土陡壁丈餘舊棺露數處木朽頭空土堆仍在當時葬深亦七八尺而不免拋露固由劚土者之忍心亦見近城之不可安葬也程子五不葬就人事言甚爲切要壁之高尙露禁止取土碑進營地有一佛經小字碑一大碑乃大士像只餘足矣下有跋尙全乃接引庵僧摹吳道子手筆上石者 其東南山灣有村落名桃花塢山西南向城舊有普陀庵上第二山頭 地名魯子敬山頂有魯大夫墓正對城上望蕭樓墓新進舊碑仆地上已損文曰三國大夫魯子敬墓紀年字滅沒新碑乃土人立文曰吳國大夫魯子敬墓又註文不甚佳略曰碑仆於賊壙平於兵此土人定卽山左右農戶其義亦可風矣山上凡築營墓碑碣皆爲靠立可觀

想亦土人之所爲大可佳也另一大碑乃題魯墓詩土人亦築一墓將此碑接於前此土人不知文理之故而意極可佳其他有一二旗營貞烈碑又有蕭氏祖碑明人横碑字皆佳有長生禪林額郡人何培之所書又一高氏瑞姑碑註爲山東武定府利津縣人一花女蔡壽芝之碑下誌雪樵老人誌蓋其親長也　山西南面城便爲直指庵

九月十五日　巳刻地震由西北來約兩三呼吸時午正後又一震

二十一日　昨有西人五騎上汝山二墩二三人登頂東望傳言西商用中國人販金鍼菜過淮關納半稅從舊約也淮官已可矣而有人謂中國人冒冲拘其人送縣貨照例其人屢反供或認誣其中迫於勢與否未可知矣西人約上海西商來議當前日到而不至故盼也又言揚州準建天主堂而西西人欲紳士出接恐勢亦難行兩事皆小梗　江水比內高二尺驗之將有水矣聞河南黃河北口崩百丈水由黃州盤旋而來三隔月方到今其水至也水將至閉口後才不由此州桃花梅坪家樹含藥未開余家未見

焦東閣日記終

丹徒陳學庚校

焦東閣日記跋

右焦東閣日記一卷周伯義撰伯義字子如丹徒人歲貢生候選教諭其先爲開沙人後徙邑之北鄉與焦岩相望因築焦東閣居焉晚年自號焦東野叟學者稱爲焦東先生先生性篤孝尚氣節耆金石工篆隸擅詩古文詞課門弟子甚衆四方能詩者寄詩屬校不下數百家嘗選刻京江後七子詩鈔附自作詩一卷於後七子皆與先生交相唱和者也其自題焦東閣云四圍楊柳擁樓臺客到荆扉始一開書籍古今收祕本門牆吳越聚英才一泓硯水容滄海五夜燈光燭上台良友好詩看不盡紛同花片日飛來可以見其志趣矣光緒乙未先生歸道山年七十有三著有北固山志金山志宜與陳寅谷任暘爲之續輯成書惟焦東志編輯未竟是記所

訪九里街赴郡一路地名即擬入此志者也宣統庚戌余從其門下士高葵北覲昌借得先生咸豐以來十餘年日記其中選錄鄉人之詩幾於無日無之余時以領江南圖書館兼治江蘇通志未遑揚扢越明年辛亥葵北以書趣還因亟取其關吾鄉事實者付諸掌錄自咸豐辛亥至同治戊辰其中亂離之載筆柔梓之佚聞均有裨於鄉故爰付削氏爲之雕播攷先生咸豐三年時方三十一歲避亂大闕里之東莊六年郡城克復返居焦東十年庚申大亂避地泰興柴墟東牌樓張莊同治五年亂平回里均讀是記者所宜知也已未季夏月二十二日壬申丹徒陳慶年跋於傳經樓

億堂文鈔

一卷

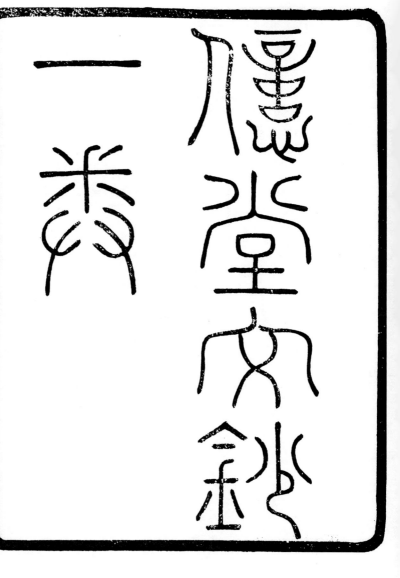

戊午孟冬

橫山草堂

億堂文鈔

目錄

億堂文鈔目錄終

儒堂刀鈔目錄

僾堂文鈔

丹徒羅志讓耦廉甫著

敕建忠親王祠碑

功蓋華夏而不知勞位極人臣而不知貴其必有先天下之憂而憂後天下之樂而樂而爲天地之所篤生　列聖之所培養　朝廷之所倚賴者矣其未生也正氣存乎宇宙其既歿也精氣在乎人心有汾陽之績而節烈邁之有睢陽之忠而仁愛過之至矣盡矣蔑以加矣大哉其惟我　忠親王乎王諱僧格林沁封藩於蒙古之科爾沁也越五等之崇享千乘之富安莫安於此樂莫樂於此矣乃目擊中原多故海疆未平飛章力請於　朝以報　國家拯民生爲己任　先帝授以旄鉞俾統六師於是北拒洋人南勦髮逆以至殲敎匪

獲鹽梟芟夷馬賊自燕而魯而皖而楚南北溯辛酉以迄乙丑莫不身在行間親冒矢石孰意乙丑四月二十五夜王追捻匪至急捻乃併力廹王王之將星竟殞於曹郡之吳家店乎侍郎全順總兵何建鰲同時殉難是日也紅光燭天大風拔木天地爲之變色日月爲之奪明事聞於 朝 帝心震悼 詔凡身履之地建立專祠所以體人心之惓惓不忘也濟當南北衝受恩尤爲深重州人氏久欲建祠以供祭祀而力不及觀察張君名琳不惜捐貲以爲倡首闔州紳士無不鼓舞踴躍以襄其事爰度地於鐵塔寺之東偏僧本善悉力募修以迄於成凡閱丁卯至己巳而工乃竟巍乎煥乎鳥革翬飛矣於是王之寢殿三楹肖像供奉其中前爲享堂濟之官紳春秋於此致祭再前爲獻禮亭鐘鼓琴瑟以樂神明東

西廂樓各三楹爲致祭者盥洗之所凡皆屋宇宏敞規模鉅麗王蒙古人也今得建祠於區夏受享於齊魯此非大聖大賢求仁而得仁者孰能當此而無愧者乎其平時遠近鄉閭之小民執瓣香而致敬雖數載之後猶有流涕者僧本善不以予爲不文縷述顛末而使予綴緝以記其事因不揣淺陋次第之以歸本善而爲迎神送神之曲俾致祭者歌以奉王歌曰

王之來兮雲奔馳參虎豹兮策蛟螭虹蜺璀璨兮揚旌旗冠裳跪拜兮馨香滿卮俎豆交陳兮牛豕參差鐘鼓樂兮琴瑟怡怡

王之去兮迴飈颯然屏翳爲衞兮豐隆執鞭笙簫縹緲兮驂從神仙排閶闔兮靈歸於天士民瞻望兮泣涕漣漣降茆屋

兮福祿承延

吉勇烈公祠碑記 代

余自宦游以來所過名山大川莫不有瓌瑋特絕非常之人生而從事其間歿而尸祝於是者使後之人流連慨慕考其遺跡以想見其爲人如睢陽之有張巡廟安慶之有余闕祠是已中丞吉爾杭阿字雨三滿洲鑲黃旗人也偉軀幹聲如洪鐘與余同爲水部郎時每預燕會雄辯高談慨當以慷謂天下事不可逆料此志一決且拚七尺軀爲國家死雖一時酒酣耳熱然觀其意氣激昂未嘗不爲之傾倒心竊異焉咸豐三年中丞觀察江南四年擢蘇撫滬賊踞城久公於是年除夕克之復其城　奏入　顯廟賜法施善巴圖魯名號中丞莅民多惠政治軍以嚴令出無敢違者故所向克捷五年

春奉　命督師京口駐節九華山時麾下總兵虎嵩林分屯煙墩山余萬青分屯京峴山與中丞爲犄角屢挫賊鋒江寗帥臣向榮與中丞協謀誓滅此朝食六年嵩林所部煙墩被圍中丞率兵往援禦賊午馬灣轉戰至煙墩賊圍之數重中丞冒突矢石閒指揮軍士霆轟雹擊賊稍卻既而偵知官軍無繼至者復集其衆以迫我軍閱三晝夜圍攻益急中丞淬勵士卒激以忠義軍中無不感憤誓以死力衞中丞出而中丞巡至西壘中賊鎗而亡時四月二十八日也嗚呼如中丞者非所謂殺身成仁者哉惟時劉守存厚負公尸思突圍不得出乃埋尸濠塹閒被重創歸營亦歿先是都統綳公濶於是春與賊戰江上力竭赴水死　朝廷愍死難之臣賜吉公謚勇烈　特命建祠鎮江綳公劉公附祀焉嗚呼典亦隆已

憶昔水部同官公與今陝撫喬公常鎮道英公及余稱莫逆余於九年來吳不及事吉公迨來守是邦訪諸父老言當年兵事甚悉嘗登九華山歷觀舊時營壘未嘗不憑弔悲涼慨想流涕及詢中丞祠於邑紳則已先建於金山之巔余登其堂瞻仰肅拜低徊留之不能去客春皖撫喬公郵書捐廉五百金爲之倡並函致當日中丞僚屬前蘇藩吳公煦前常鎮道許公道身英公喜及余各捐貲相助惟舊祠勢欲傾圮不足妥忠藎之靈議改建而葺舊宇爲忠烈祠祀張文節公錫庚及許公烺張公振榮乃上書曾毅勇侯李肅毅伯皆捐金書額即命余度地卜日選材而鳩工焉形家言歲行在卯利向東南乃更築祠金山之麓江南諸山爲其屏幛峻宇鬱其特起廣廈帶乎前楹左右翼以迴廊進退遵乎修路重闈洞

開矗列而深峙曲房互闢霞駮而雲飛平城湧乎煙嵐丹堊炳乎日月工既蕆奉栗主入祠乃以牲醴庶羞再拜稽首告於中丞之神曰偉公勇烈河嶽誕生奠公靈爽山川縱橫其峯靜穆公之果毅其水浩瀚公之正氣我來致祭棟宇喬皇何以陳之荔丹蕉黃公其鑒諸誠悃以祀於萬斯年錫茲蕃祉是舉也經始於丁卯二月三閱月而告成有司春秋致祭而以守祀者供灑掃焉是爲記

武功將軍周公殉難紀略

副將周公兆熊字輔臣四川成都府成都縣人性惠愛喜聲詩有古儒將風粵賊之據鎮江也撫軍吉爾杭阿屯小九華山總兵余萬青屯京峴山兩軍東西相望爲犄角勢而公率所部守城西破岡子以當賊衝咸豐六年四月二十八日吉

軍潰賊犯公營圍數匝公遣裨將出詣金陵向節帥求救與賊相持五日擊殺過當會水道斷絕軍士求飲不得渴死者相繼賊攻益急公度援不可待乃布火藥於帳下具衣冠危坐而暗然火繩藏衣袖閒命一卒彈琵琶調久不協公笑曰爾心亂矣乃從容手自揮絃賊疑不敢進久之知公虛實遂擁而入公發火自戕一營皆燼而賊衆先入者亦隨殪焉時五月五日也其後向節帥奏公殉難　敕賜武功將軍賊既破公營翌日趨京峴山將合圍適向帥遣總兵張國樑率師至戰於山下大敗之賊抄東陽遁去南路郡邑竟獲保全公之遣裨將也裨將謂公顏色當不至被禍公笑曰臣之死忠臣之不幸實臣之幸也豈有顏色或異者子有老母子爲我求援可乎裨將歎息泣數行下遂躍馬突圍而出裨將姓蘇

名如松
羅志讓曰軍興以來賊氛所至死事者指不勝屈議者每緣其死而曲諒之然力竭計窮無援而死與謀之不臧不得已而以一死謝天下者其相去何啻霄壤吾紀周公之死亦以明世之未嘗竭力而死者不可同日語也而其時丹陽以下士民之得免於兵燹者但知余公之守京峴以待張公來援豈知實出於周公死守之力哉夫周公一副將耳明於大義如此其忠烈之氣可以爭光日月而垂諸無窮曾幾何時能舉其姓名者已寥寥矣吾又懼其久而就湮也爲捃摭其梗概以俟夫史氏之採而錄焉

文簡潔有班馬遺矩 邑尊田公壽蓀

序次具有史法論亦慨慷激昂如此文字庶幾不負褒

梨山右喬松年

向總戎傳

向魁字星五四川人也應募隸吉中丞麾下以戰功洊升副將咸豐九年賊據武林官軍破之副將獨後至因是褫職越明年金陵賊勢猖獗兩江制軍何桂清檄向公守吾郡閏三月金陵大軍退守京口賊渠黃飛虎屢破官軍營壘總兵馬占魁都使張得龍皆遁向公奮然起提所部兵三百餘人出城與賊戰於寶蓋山下賊敗而退至四月初二日賊圍東南門而丹陽以下縣城相繼失守人心益惶懼夜漏三下官弁將開北門出浮江而遁時天微雨向公聞之引步軍急趨北門令曰斬官弁一人逃者首級予白銀百兩斬守兵一人逃者首級予銀五兩令下衆皆股慄時公掌北門之管麾軍累

土塞門督放鎗礮如雨賊至曉而走人心乃定嗣以解圍功復原職并升總戎旋奉調往滬將軍巴公挾前嫌以中途逗留劾之褫職而向公兩目俱盲逾數月竟殁聞者惜之是時讓奉制軍檄以團練守城實親見其事嗟乎郡城之終完也督辦馮公將軍魁公功居多然非向公當日威鎮於倉猝之際聲色毅然士氣百倍烏能使孤城危而後安控扼江北畫疆而守哉在事官弁無不起擢而去而向公鬱鬱以終豈非天哉豈非天哉

噶喇傳

噶喇字静軒鑲白旗人己卯科領鄉薦大挑二等候選七品小京官居鄉處事一秉剛直性至孝每侍親側柔聲怡色終日無倦容嘗與弟東海夜歸屏息戶外俟親醒入問安畢方

就寢又父嬰沈疴醫家慮不治乃夜刲股肉投藥鼎服之而愈公平居有大志觀兵書講武略以安國家爲己任壬寅歲洋人犯順舟師至上海鎮江官弁議防堵策公獨以城北十三門爲慮請於統憲海公海公即令公督役填土工未成適風利潮湧洋船驟入境及洋人攻城果破十三門而入其先見如此方城未破洋人攻城急公登礮臺施放大礮堵之寇不得進嗣因礮裂寇乃擁衆緣梯上公猶短兵相接刺殺十數人力竭而死事聞奉　旨入昭忠祠給予雲騎尉世職

處士笪熙生傳

笪熙字庶咸光豐時異人也居句容之茅莊少時遊金陵偶儻自喜士大夫咸重之及紅巾賊起將至江甯熙初領團練與賊戰於秣陵賊爲之卻向軍門駐兵紫金山以熙功特奏

於　朝格於部議咸豐六年大軍退守曲阿熙再領團練爲前驅直薄江甯城下而和帥大軍乃得進屯於孝陵衞數年閒屢蒙軍中奬異皆棄而歸咸豐十年我兵不利總兵張國梁屯軍吾郡而熙猶率團練與賊戰於句容城東知勢不敵散其衆而隱賊平遂徜徉於名山大川閒以寄其志凡南至衡山東至天童雁宕所在奇峯峻嶺迴溪激湍無不流覽而心識焉晚遯於句容之花山花山者寶誌公結茅處也由蕭梁以逮我　朝屢出高僧於焉卓錫而　本朝　列聖尤加寵異誠因此山奇拔蒼翠靈秀所鍾故緇流之習禪寂者視此爲選佛場矣而熙年老恐入山之不深韜光隱耀樂而忘返其殆將終身焉也已

羅志讓曰熙古之嶔奇磊落人歟其才其志宜建高牙大纛

與當代偉人爭先恐後並驅於中原而垂不朽乃自甘斂退銷沈闃寂於窮山絕壑之中以終老嗚呼豈非其不幸歟抑豈獨其不幸歟

陳孝子傳

陳孝子名宗璜字德揚吾邑豐城村人也少孤而盲事母以孝聞家雖屢空奉養必備母病痺便溺需人孝子日侍左右未嘗廢離中夏母苦蚊蚋孝子持扇揮之終夜不輟冬則爲母捫蝨鶉衣敗絮罅隙必搜凡先意承志致母無憾類如此母病革呼孝子曰兒苦矣兒孝如此吾將請於帝使兒目復明洎母歿孝子哀毀骨立姻黨竊爲孝子慮孝子卒無恙忽一日雙目開朗竟如母所云人咸奇之昔宋陳熹瞽十年母歿送葬而目復明豈有異於此乎其後挈妻子之揚州爲安

定書院司管鑰揚州人士爲書孝子額存於書院其在院中晨起得遺金一束坐俟覓者與之其人感泣孝子無德色又交友必誠與其友某約爲婚姻緩急相關力敦古誼爲時所稱癸丑之難賊破揚州全家自縊死嗟乎有目者比比皆是乃考其行事以視孝子之事親持身相去爲何如瞽而復明天之所以報之者不亦厚乎其殉難也蓋始終忠孝人也予得其詳於孝子之族名克諧者克諧爲予之中表故殉廣賊難歸化縣丞陳梓嫡裔也

中憲大夫蜨庵先生墓誌銘

吾師蜨庵先生姓楊氏諱檠字羨門自八世祖諱源由慈谿遷吾邑父諱泌不仕以孫官贈中憲大夫中道殂謝有積貲存友某處人教先生以覈計先生雅不欲相善如初先生

恂恂謙退終身與人無忤色而心懷耿介事有不可持之愈堅故凡失檢而內慙者望見先生顏色怲繞道避去無敢以僞行相干者性至孝竭力事吳太恭人孺慕之忱久而益篤設敎鄉里遠近學者宗之往往負笈以從嘗爲詩歌自娛閒綴小賦每一篇出人爭傳之謂先生之賦具有六朝風骨次亦不失唐人矩矱而古近體詩出入唐宋金元諸大家而奄有其勝其爲時所推重如此乙酉學使辛公擊賞先生文賦拔而貢於　廷俄先生自京師歸棄舉子業惟鉛槧是耽無預外事或寄情山水自寫性靈或裒輯往事考核故實凡有所著輒風行海內一時如麟見亭趙蓉舫先生咸奉幣而以書請先生皆固辭不往葢由性情恬淡不願與薦紳相往還而自有以樂其樂也咸豐十年　覃恩以仲子官封中憲大

夫先生初娶淩恭人生長子懋勳爲邑諸生　貤封中憲大夫次子鴻吉庚申進士官內閣侍讀學士長女適拔貢生韓兆元官高淳訓導再娶淩恭人女弟生三子鴻典壬子舉人官戶部主政次女適張早歿三女適邑諸生丁壬官高郵學訓導長孫毓瀛以諸生官淮南鹽經歷次孫[redacted]官浙江巡檢三孫奎亮邑諸生餘俱業儒先生生於乾隆五十二年丁未正月四日歿於咸豐壬戌十一月二十一日葬於城西喬家門之西原所著有蜨庵詩鈔八卷蜨庵賦鈔四卷京口山水志二十卷圌城記一卷毓瀛以先生誌銘屬予予事先生有年不敢辭不文乃綴所知敬誌諸墓而爲銘曰

嗚呼吾師抱道不仕文章優異華實俱美垂教枌鄉門多桃李嗣續嶔嵜珠樹相倚天不佑德一老傾圮生有自來死有

所以鬱鬱佳城與山并峙先生之櫬擇而後止予愧不文惟實斯紀敬鑱諸石淚灑清泚幽宅永藏神安於此馬鬛封高宜樹桐梓

尤孝子傳

孝子姓尤名恆溥字淵如諸生尤梓尤庚之嫡姪孝廉尤英之族姪也孝子少孤家貧亂後寓金壇以懋遷事母視膳必奉甘旨以進母善病稍不懌每和聲怡色唱盲詞以貢媚及娶婦羅氏亦善事姑卽予姪女也孝子乃稍節其力得以外出求刀錐之利供母所需嗣因婦翁病婦歸省距孝子寓數百里音問梗塞孝子衣不解帶晝夜侍湯藥母素喜按摩婦諳此術恆至夜半不寐適値歸甯孝子遂臥母牀下每夜按摩達旦俟母睡方已孝子因而臂腫痛久之成偏枯疾竟以

此殞嗚呼孝子事親可謂能竭其力矣然而孝子之不得終於事親抑又傷矣夫孝子之臂雖痛而孝子之母則愈孝子之死母亦天之所以彰其孝歟

夏孝子傳

孝子姓夏吾邑諸生夏炎之姪也生而瘖人皆呼爲夏啞子云少孤有母有弟妹貧極不能自存忽有老婦引手作勢教以刀尺自給於是孝子挾縫紉之具傭於里中取貲供母兼養弟妹歲久積有餘貲母賴以溫飽而稍稍備奩具衣服嫁其妹矢志終身不娶但爲弟覓姻以繼父後夫人能克己事親而愛及弟妹亦可謂孝矣况阨於天而爲瘖者乎嗚呼孝矣吾故書之以告世之能言而不能事親者

楊烈婦傳

烈婦姓吳氏徐州銅山縣人吾邑職員楊夢杏之妾也其先爲婢性方正而直洎夢杏嫡旣歿因納氏爲妾氏事夢杏惟謹家人終歲無閒言時夢杏有戚居江都之瓜鎮遂亦移家於此越數載夢杏病歿氏痛甚立志以身殉家人防之綦嚴其居距運河近乃先葬一日投水死家人順求其屍不得復泝流覓至東鄉小王家橋獲焉異哉以氏之年尙艾夫死不改其志已足嘉歎而志在必殉殉而逆流以避江波之漂沒其貞烈之氣可以禦狂瀾犯淸淮之激而直上數里而遙非其志之堅勁曷能以至此時氏年二十有二無出事道光甲申閏七月十九日其嫡孫守中守廉與余游爲其庶祖母請故不辭而爲之傳

陳節婦傳

節婦氏張名友書字静宜吾四舅氏乙酉科拔貢生陳敬亭先生諱宗起之德配四川丹棱縣知縣張榜之孫女邑諸生張壬之女歲貢生張崇蘭之妹也在室奉母氏殷教善治家政工吟詠既歸陳姑柳太孺人御下嚴節婦曲意承順得無忤相夫肆業致以經學受知於學使辛公目爲國士惜因病未預　廷試而歸至壬辰歲以瘵卒節婦將以身殉奉夫遺言而止喪葬既畢歸甯母氏時崇蘭婦嬰痼疾不能理家政崇蘭悉委節婦歷十七載挈子女歸家爲二子一女畢婚嫁中閒扶持贊助雖其兄崇蘭之力居多然而難矣壬寅歲避夷難癸丑歲避粵寇節婦備極艱苦而二子未嘗廢學次子克常才頗雋未掇一衿而歿長子克劭丁卯舉於鄉卽此而知節婦之教嚴也前以苦節獲邀　旌表至光緒元年春卒

年七十有三著有工餘吟草越吟草海鷗草詩詞集各三卷清雅皆有法度亦足觀其志之所存矣吾四舅氏與張公崇蘭俱有聲於時吾年幼不獲從四舅氏游而與張公過從甚密二人者其品其才鄉人至今稱道弗衰蓋節婦之秉教也綦詳吾重克劬情故不辭而爲之傳

過義士傳

過元吾邑人貧甚傭於縣吏金富如之家同輩朱之有異金羅罪戍黑龍江過願隨往及戍所金乃病歿過以松棺厝於浮土每值歲時過輒執瓣香往奠於其塋久之墳圮棺裂見骸骨僅存而屍如槁木矣過啟土棄其棺以布纏其屍裹束如行李狀負而南歸中間度越關山浮沈逆旅竟與屍同行止臥起而人不覺遂達鄉里仍醵錢備衣衾購杉木殮之而

葬於其祖塋過年邁爲孤老院長恆挈畫眉籠出入於茅屋而無衰老態斯人也非士也予重其行爲世所難而直謂之爲士嗚呼義矣

先王父次江公行畧

先大父次江公行二芝洪公之曾孫昇吉公之孫玠園公之子也玠園公性敦篤訓子弟有方嘗戒公曰毋言人過故公終身與人無忤公之兄早殤與弟四人敦友誼應童試不利游京師時同里有徐氏字號天錫者貧苦不能自存往投親知無或一援手適公以吾鄉釀酒酤於市使爲經理徐意感動益加勤勉久之有蓄娶妻京師皆公力也嘉慶二十二年以實錄館供事選陝西洋縣典史先是任此者歲得白金五千讌邑侯幕中客無虛日以故委事繁多遂得挾制事中人

悉其需索公至終歲不通客即有委勘事持金者則揮而去之曰吾不忍以赤子肌膚博取金帛以長子孫也長官知公爲人嘗委護縣印益檢飭不行胸臆在典史任四年丁內艱出郭之日行李蕭然父老攜酒祖於道上能文之士操觚而書惠愛以餞公行文至今藏於家先大母孫太孺人吳江學訓導孫公諱倬之女生吾府君愼卿公及吾叔松雲公松雲公嗣叔祖曲江公府君困諸生以善書名江左性伉爽與人交所在皆共患難秉公教也府君生兄學舍及志讓兄生思誠思榮思義思忠志讓生思永思敬公生於乾隆三十三年正月十二日子時卒於道光十六年五月初九日寅時葬潤州城南顏家灣孟家場

負負生傳

負負生者素有俠腸每掬肝膽以質諸衆其爲人無不忠者而人竟反覆陰違其意或至投井下石而不恥居恔輒自呼負負人遂以負負生目之其實自呼負負者因志在報 國顯親方爲不負其身耳卒之捧檄同軍門馮翠亭守鎮江城五載而未能手刃賊首以答其君立功險隘以揚其親是爲自負負其身矣若人之所云負負其小焉者也故於咸豐六年辦金陵團練跨馬上東流山閱團其意氣慨然若不可一世及向軍門營潰遂橐筆赴梁溪隨營効力繼偕吳表垣觀察之江右入福綏庭將軍幕未能有所爲乃賦詩而別適朱春舫觀察有約同行因放舟回里繫纜吳門晨夕相見性情浹洽咸豐十年制軍檄飭英雨亭觀察延生總辦鎮江團練副董皆聽其所舉故舉者甚衆及江南大營退守鎮郡丹陽以

下相繼失陷同任斯事者紛紛然各鳥獸散惟生有鈐領在署無可委卸生見圍城中無糧餉衆兵欲爲變乃入縣署見田邑侯索騎一匹田邑侯問將何爲生曰聞公遇兵信急在署中閉戶以利刃自隨余一旦值城破將死恐爲人格事急余將策馬赴公署殉　君國之難矣田邑侯乃贈馬一匹曰果有此事余與君攜手同歸乎因相與大笑及局事日煩應給不暇觀察囑生延司事六人同辦凡築礮臺濬城濠治礮架掃棍及沿江牆壁關門莫不往視建造由此在圍城中辦軍務五載初張殿臣總鎮奏明守京口後丹陽圍急和欽憲信致張鎮赴陽調遣生率百姓往留張公以信示生而送生至門手拍生肩曰馮翠亭不能打仗尚可守城卒與生同守五載亦可見張公之知人矣而其中得力在艇船紅單攔截

江上時南臺無餉廣艇等皆欲散而北臺總司喬鶴儕傳令曰我北臺發餉不準動江以南惟京口獨存者則喬公之力居多中閒見城中遺孩甚衆枵腹而無衣惻然有動於中翌日即以蘆席遮護城隍廟之西廊時方未有神像乃將羣孩悉養於廊下喚匠建竈置鍋購碗數百隻并積柴米於廟中有執炊爨者另選年老婦人抱持攜帶以及朝餐夜臥諸瑣務生之婦陳氏親爲作衣使不得凍餒且延一老成之士經紀其事生倡其事而街市中之善緣踵至收遺孩至五百餘人之多同時行營糧臺委員楊芝泉亦有此意具章程問生蓋不知生已舉辦生曰即請同辦此事可乎楊亦以爲善其款與營官言明分十一於各營之鹽折後因郡中有謗生者生乃舉遺孩總託於楊君且交前帳時紹興山陰失守田邑

俟山陰人也其家殉難無從接濟生往如皋晤李殿撰議城中接濟事宜未成而護府傅公竟少生守城抽燭錢千有餘串但催實任金公莅事而於中飽後交卸回京五載中官未給薪水分文而生反受鉅款之累至今案在府署凡馮營保舉七次皆被金公移與他人如木客黃墨硯等俱妄邀名器矣生亦保縣令者乃曾李二公之前不敢朦混故耳生亦坦然不以介意平生最愛吟詠初著億堂詩鈔弱冠後即就正邑人張猗谷先生批其後云各體俱有妙悟吾郡風雅一席不於作者而奚屬乎復呈山右喬鶴儕先生先生致書陽羨蔣公一亭云羅君詩已入古人之室矣閩人黃霽川先生見其詩即曰此深於詩者乃命駕往拜北通州徐韻生酷嗜詩三復生全詩而心折五古爲最向生面述里中趙君舉積學

士也觀其詩曰是爲中聲生又著焦山詩鈔及江潭漁唱長短句其長女婉秀適陳霞軒司馬時尚未歿慫慂其夫出貲付梓甲申年生又刻唐睢陽張中丞事實集錄以期忠藎之心不沒於世嗣集散文數十篇復集近詩數百首尚未刊生笑曰詩不負我而我竟負詩矣爰作負負生傳

此傳以人負作引而以自負爲主末以負詩作餘波較之張猗谷獨孤生傳有過之無不及也世弟趙彥偁識

先哲有言寧人負我無我負人君當多事之時出身犯難捍衛桑梓功成不居於君親兩不負矣奚負負之有哉年躋七十子孫秀出雅詠清談足以自樂以視彼負人者何如也光緒十二年四月初旬弟陸希文拜識

誌道光二十二年事

道光二十二年六月初五日夷船過鵞鼈嘴鎮江民無人知者至初七日城中聞警世家大族方欲遷徙初八日早起都統海齡閉城禁民毋許妄動其八旗中三尺童子皆得握刀相向聲言城中居民皆係漢奸雖知縣錢燕桂亦俱面斥爲漢奸矣燕桂恐不免適提督劉允孝駐城南都天廟乃往依焉方脫此阨城中誣獲漢奸百數十八海齡皆將置之法時勾決至十三名理事同知某倉猝至前請於海齡曰此未勾決者百十八須俟卑職訊供後再爲核奪遂將冤犯悉領出署而十三名俯首就誅冤沈海底矣自是兵民不和刻難安堵先是夷船來寇不過爲要挾通商地並未攻城至是聞旗兵妄殺平民即於十四日掣雲梯攻北城惟赴調青州駐防兵三百餘名拒之力自辰至午城破青州兵戰歿無一存者

夷入城後專搜八旗男婦殺戮極多城破後居民皆曰海齡遁去而旗人爭之曰已投火死持火燬紗袍一角爲證督憲遂據以奏聞至今廟貌巍然過者猶指而目之其結怨於民亦可想見惟青州兵祠雖建兩次已燬於火父老履其地每徘徊而不忍去云

附 青州駐防忠烈祠碑

道光壬寅九月余以松江府調權鎮江府事時㕦夷甫就撫未入境即聞人嘖嘖稱青州駐防弁兵守城血戰事及見郡紳士亦皆以此爲言且惜其勢分援絕不獲併命沙場以成盪寇滅賊之功爲可痛也先是夷船據舟山江南沿海諸郡縣皆調兵防守青州兵素號驍健調戍江南省城者數月繼以夷船駛入長江鎮郡爲南北咽喉要地則

移駐郡之東馬頭以守礮臺東馬頭在象山之麓爲夷人出入所必由使青州兵四百人得併力於此憑象山之險開礮轟擊勝負正未可知乃以寇氛漸逼都統令入城分守四門門各百人遂致勢不相救北城有虛臺與北固山相對俗呼十三門者獨無青州兵防守夷人卽由此植梯而登城遂以陷城陷之日死者前鋒校三員領催三名前鋒十三名馬甲四十六名遠近聞之無不隕涕聞賊之陷城也爲六月十四日天將午火箭齊發東西北三城樓俱被焚燒賊乘勢攀躋他守兵以千數皆震慴獨青州兵奮勇格殺至血積刀柄滑不可握猶大呼殺賊呼未已而賊之由十三門登者已蜂擁蟻附而至猶復短兵相接騰擲巷戰擊斃賊且數十百人直至全軍盡潰力不能支始奪

門以出嗚呼使守城者盡如此之奮不顧身又安見賊之終不可禦城之終不可保而徒使驍勁果勇之士不旋踵而悉膏賊斧豈非夷人之幸而鎮城居民之大不幸乎昔張巡守睢陽城九月城中兵民知必死無一叛者城破同死尚有三十六人青州弁兵何以異此此以見忠義之氣之常存於天壤閒也抑又聞自軍興以來調防兵多爲民病獨青州兵與民相親愛民恃以無恐故戰死而民思之不置禮有之曰有功於民則祀之以死勤事則祀之郡之人立廟於城西門內享祀以時余謂其有合於禮也爰爲之立石詳書死者姓名於碑陰非獨國殤之魂得所憑依且以使荷戈執盾者經過俯仰有以作其慷慨同仇之氣頑廉懦立詎不有賴於斯與於是乎書時

大清道光二十三年歲在癸卯夏六月　日

賜進士出身　誥授朝議大夫署鎭江府事松江府知府

畿南崔光笏撰

重刻唐張中丞事實集錄序

唐張中丞者保全扼守睢陽阻遏賊勢以屏障江淮者也姓張諱巡天寶間進士爲清源令是時明皇幸蜀未迴鑾安慶緒凶燄方熾睢陽太守許遠邀張公同守張公許之乃入城分堞而守賊將尹子奇屢寇睢陽張公率南雷二將擊退之後糧盡且一月居人相食仍固守不下公命南霽雲乞師賀蘭不應張鎬檄令狐潮赴救又不應及鎬率師繞道來援至則城陷三日矣然而賊之不得東下者皆張許二公力也張公同三十餘人卽時殉難許遠爲賊梏至慶緒所亦先後被

害其後江淮閒立雙廟祀二公像歷有年所吾邑舊傳神像係漕河水浮來故獨祀張公面青鬚紅者因張公臨終語衆曰吾死必爲厲鬼以殺賊土人從公語也吾邑每年四月賽會極盛彌日繼夜不息而農民值歲旱禱於神輒應以故敬奉尤虔吾師河南王公德懋爲邑令因漕河水淺糧艘不得進惶急無計旁觀者進曰盍禱於神吾師竟詣廟祝於神前明日遽長江潮三尺糧艘渡江而漕帥入　奏事已吾師因重鐫事實集錄而冠以序讓得此本閱後藏於笥逾三十餘年又經寇擾今此本居民無復存之者讓於咸豐七年賊退後攜笥入城至十年賊復攻城讓守城閱五載神復顯靈賊乃退大吏援此入　奏　先皇帝准列祀典　敕建廟宇並賜靈佑彰威封號及光緒年閒又賜奇忠偉烈扁額讓敬奉

此本付手民開雕以垂久遠是則予小子之素願也夫

誌唐中丞張忠靖王廟闕略宜補事

唐安祿山之亂睢陽太守許遠留眞源令張巡同守睢陽因己才不及巡讓張公督戰而己籌餉先是虢王巨令分餉東平遠力爭不獲張公姊陸夫人叩馬而諫巨亦不允賞縑百匹拒而不受以故賊將尹子奇等圍困睢陽而餉不給至居民相食月有餘日而後破巡與三十六人同日死許遠被賊械至慶緒所亦遇害二人者死先後異其殺身成仁則一嗣後江淮間立廟祀之謂之雙廟而吾邑獨祀張公賽會且極盛殊不允洽相沿已久未便更改究宜另建一祠以祀許公乃不致人心抱歉此其一也陸夫人先張公殉難並能預見睢陽之餉不可輕分以此諫虢王巨至不用其言而賞縑亦

不受眞烈丈夫不愧且當張公接戰時恆爲衆兵縫紉衣甲其忠智廉勤若此今宜於張公廟中另置一龕以享俎豆又其一也其先張公殉難者賈貴姚誾宜同置一龕與南公雷公龕並列又其一也張公侍妾某夫人侍張公於圍城之中卒乃果衆軍之腹其忠愍可哀宜於陸夫人龕中以祀栗主又其一也從張中丞死難有姓名載在史冊者二十一人如石承平李龢陸元鍠朱珪宋若虛楊振威耿慶禮馬日升張惟清廉坦張重孫景趨趙連城王森喬紹俊張恭默祝忠李嘉隱翟良輔孫廷皎馮顏其外有張汴者亦從張公死難見於他書江右鉛山玉山有廟遺卻姓名者十四人宜共立一栗主至許公義僕某生侍許公左右不以時危而有異志末竟捐軀以固兵心宜立栗主以祀城中六萬餘義民白刃在

前其心愈摯忠藎有知亦宜置栗主以附祀以上三項共立一龕又其一也此闕略宜補事五條姑誌於此以俟後人

善甸羅氏族譜序

吾邑城南善甸羅氏其先籍隸河南趙宋南渡為金人所逼始遷潤居此吾祖籍豫章繼遷歙遷江甯之溧水至明季乃遷潤善甸羅氏其先世之出於河南或亦由豫章移而去之未可知也然吾考春秋羅國舊址即今之湖南長沙府為楚所滅至漢有居豫章者族最繁衍故吾宗以豫章為望今吾宗與善甸羅氏其皆為豫章之支派雖不可考然羅國系祝融之裔本為妘姓其後以國為姓則一也善甸羅氏世以務農為業合族雖無顯於世者顧人皆恂謹可嘉自遷潤至今坤字輩者凡十七世洎禮字輩則二十世矣粵匪之亂譜牒

散失族人憫焉釀金修葺既成族人坤財仁德義和禮福乃奉譜請序於予予爲書其本末如此則可以知善甸羅氏洵爲務本而追遠者矣

宗譜序

吾族由豫章遷徽由徽遷金陵之溧水由溧遷潤國初住參將署前家燬於火譜牒遂亡無可考第以本支而論由遷潤始祖至讓凡九世以潤之大族揆之其未及十世者且數百丁焉讓族不繁衍二百年來至今存者不過二十餘丁說者以靑烏家言歸咎於舊所卜兆然其言荒誕識者有所不取惟念門衰祚薄加意親睦則感召天和未必非昌大之所由也豫字派起盛字及祥字共八十字如盛至實用君承彥伯公叔以之懋顯先秉興克允福亨運會時來賢嗣序昭穆富

有本日新德業世常祿忠孝全鴆烈芳名震豫章歷朝榮甲第奕代萃冠裳理學家聲遠英才國瑞長雲仍同紹述慶衍發麟祥等字按吾父兄弟輩有名福增者入儀徵學然則讓仍亨字輩也在今日計之合族列於膠庠者不及十人然而讀書本乎忠孝果能致身君國竭力庭闈由此而功業爛然名德暢茂何患子孫不昌懿譜牒不輝煌乎爰不揣固陋泚筆而敬爲序第九世孫志讓敬序

焦山詩鈔序

余性疏而拙不能羈紲軒冕顧頗以山水自娛凡游屐所至往往連章累牘形諸篇詠吾鄉固多山水其山之最佳者莫如焦阜之幽邃而深秀也況在大江之中偶一登眺則江流之浩瀚海氣之溟濛罔不集於肘下而江南諸山翠屏森峙

朝霞暮靄氣象萬千輒動人吟嘯而不能已今秋錄詩之暇綜核生平流覽之跡惟於焦麓最勤而詩亦於焦岩最夥故裒集焦山詩若干首列諸簡末以誌鄙興其詞旨繁複未經刪汰知不免騰笑於山靈矣光緒四年七月朔

江潭漁唱序

余素不解音律壯歲以還始稍稍作長短句知不免識者所笑故四十後未嘗涉筆今秋錄詩檢篋中舊稿得詞數十闋雖工緻細膩不逮時人然祓諸管絃似無俗韻名以江潭漁唱亦猶嗚榔鼓枻聊學釣者之謳吟爾光緒四年七月朔

格言聯璧序

人之有心如天之有日大則四海九州無不畢照小則纖悉毫髮無不畢見自爲外物牽引而荒忽迷悶沈淪於嗜欲而

不知返遂如陰霾翳日身居土穴黑箐之中目無一覩其有異於禽獸者幾何哉然而人之心固未盡沒也世有元兇大憝身受三木榜箠而後血肉狼藉納諸囹圄稍一屈伸痛楚徹心骨當是時氣衰力竭而天眞乃見未有不深自怨艾私悔其往日之非者又如浮華桀傲之士席豐履厚頤指氣使縱目四顧旁若無人及獨居深夜風雨振屋瓦雷電交至心怦怦動而悍戾不馴之氣於是乎消觀此二者豈非人心固自在哉且夫人之中有賢且聖者粗糲園蔬足贍晨夕茅檐竹屋堪蔽風雨何其蕭然自得耶世人或從而疑之不知其仰無所愧俯無所怍賦詩讀書優游卒歲其氣浩然與天地同科豈猶夫俗人之所謂樂耶然而聖賢事業載在經典其文奧其思深非老師宿儒不能解而欲砭愚訂頑移風易俗

反不若先賢格言之顯而動人也吾故慫慂嚴子殿楨授諸
剞劂而爲之序

太平洲書院記代

嗚呼書院之有裨於治也久矣昔趙宋諸賢於焉講學環而
聽者數千人如白鹿洞嶽麓書院是已有明以來始以五經
四子書文取士士之求名者往往居書院以供佔畢於是學
究闒闒文追鼂董貫穿百家沈浸諸子凡皆所以約束身心
使之嫺於教訓納於軌物庶幾一日得至於道上以供　國
家棟梁之用下以成鄉鄰風俗之美造就雖殊而所以爲治
則一也余守鎮郡郡城面江而立其迤邐於江之上下者皆
洲獨太平洲於江流爲最遠又其地袤延九十餘里隸於鎮
之徒陽通之泰興者過半而常之武進揚之江都其界皆犬

牙相錯是以郡邑之風化恒有所不及焉洲人居常以力田爲業江心多突漲洲人每聚而爭之恒以械鬬爲事咸豐十年賊躪江左人避於洲洲人團練以防窺伺而江北亦恃之爲屏障以故民情益悍而無忌陽邑張令憂之寇平上書大吏請築城設官以備彈壓徒邑田令深以爲擾且無補於治於時大吏檄余臨勘余因履其地詢其梗概思夫禮者先王之所以防民也而禮必由學學必有師是惟漸之以仁摩之以義文之以禮樂化之以詩書優柔浸漬而轉移之然後剛勁之氣强悍之風庶或消歸於無有則非書院之設其不能馴而擾之也明矣具以白諸當事輒以爲允乃進洲之有力者勸其購產以供膏火創屋以資講習而洲中父老咸踴躍捐輸俾成盛舉故齋房列而恒產置且由地方官延請明師

諄諄教誨則太平洲之書院於是乎興而洲中秀傑之士獨信之深從之易裹糧負笈而來游者爭趨恐後與向之獷俗澆風倏然以異蓋嚮學之心誠矣且夫學之油然根乎心也當其機之未觸韜隱伏匿而已一經上之誘掖獎勸如草木之雨露涵濡乃挺拔秀異而不可遏其子弟皆欲尊敬夫父兄其童稚皆欲親近夫師友其善者無不景然從其惡者無不翻然改將見風化之行自近而遠其圖於荒僻爲禁令之所不周而不能洗心革面者一皆以書院之教維之可以化奸而爲淑轉悍而爲馴矣洲之人士來請曰願有記故記之

時同治七年七月某日也

中泠泉記

庚午仲春盧子遜過余曰子知中泠泉之湧見於新洲乎洲

自咸豐癸丑以來由金山郭璞墓袤延接乎南岸春夏之交叢蘆彌望人跡罕至及乎天寒水涸萑葦悉刈沙灘凸露余欲訪中泠之跡杳不可得日昨與二三知交作金山之游儕輩盡登山頂余獨往郭璞墓下徘徊寂然無所覩適土人怪余倘怳若有求者余告以泉之靈跡土人引余循郭墓而西得十餘坎水皆滿其中每有圓暈二三處作觱沸之狀巨者或湍激有聲眞所謂檻泉正出也取而烹之味美於囘其爲中泠泉無疑矣余翌日往觀洵如子遜之言獨在郭墓之西南爲可異耳誌載郭墓在中泠泉之西宋蘇軾詩中泠南畔石盤陀玆泉在郭墓西南似與誌詩不相吻合然詢之土人初泉之見也在於郭墓之東俄而水涸乃見於此安知非沙灘之土疏密不同泉之見也或因土之疏處而溢出乎夫中

泠之水張又新水記列爲天下第一而取水之難則在未有沙灘以前蓋泉在江水數十丈以下詣之以舟汲之有法取之非其時則不獲嗚呼可謂難矣今泉湧見於洲可以挹注而泉眞味的絕無疑義豈非千古難得之品一旦而如取如攜乎吾因之有感焉士有懷瑾握瑜深藏若虛者天下相望手采思一覿面而不可得此老子所謂知我者希則我者貴也泉乃自褻若此吾知庸夫俗子必有揚瓢而笑之矣時同治九年二月初七夜余烹中泠瀹苦茗而爲之記

勸鄉人改過記

咸豐三年余避寇鄉居足跡徧里閈每有見聞不禁駭異吾所居者鎭郡之南鄉也習俗淪胥而不可挽者略言有五雖屬富有之家惟留二子一女其餘皆溺而死骨肉相殘一至

於此若彼貧者更無論矣其不仁孰甚或夫死百日妻無不改醮者卽有田地可戀其人本無欲去之志乃翁姑伯叔必不容其守節殆欲得再醮之夫聘貲若干錢而後嫁其不義孰甚平居祖孫父子無不分箸而爨其子若孫之奉其父祖若越人視秦人之肥瘠也及觀其家有服無服之男女往往有交相亂者其無禮孰甚每遇大村聚族而居者多至千家卽係小村落少亦數十家爲鄰里竟無一讀書應試者蓋恐無益之費累其家也其不智孰甚今日之言明日而改日出之言日入而悔甚或全無影響之談哆口謾夸其詞肆欺於宗族姻黨而人亦屢覺其詐而屢信之者習尙然也其無信孰甚嗚呼仁義禮智信此人之賦畀於天所由以生者也大聖大賢得彼全體以自完其天至於庸衆雖愚頑亦須各得

其幾希以倖生於世若南鄉之習俗如此眞與鳥獸草木無異則天之視之不甚愛惜必將網羅置之鋒刃遇之草菅刈之矣稍有遠識者可不知所警哉吾言如此甫脫稿即爲胡巷村張厚齋持去而吾奉母居城矣逮咸豐十年金陵大營退守鎭郡吾日夜作守城計而南鄉爲髮賊往來出沒之區殺戮最慘先是城中避難之家租賃四鄉居室鄉人故昂其價以售其欺且欲先兌租金一年有餘然後方許入宅租戶灰糞盡供主人田疇之用而避難者偶有慶弔大事必欲預治酒食恣其飲噉而購買米薪聽其作價閒或輦運貨財裝載男婦必喚羊角車推挽者皆極需索即塘中白水亦必給錢而後允其行汲於是鄉人日見其腴流人日見其瘠洎同治三年寇平余有事至鄉見殘破之餘燼零落而彫敝遺骸

殘骸猥籍撑拒至察其舊所識者十無一存大約百人中僅留一二而已至是竟與前言若合符節其理其勢固有必然而無疑者雖更百世不易吾言矣

棲山種竹圖序

咸豐六年予避寇鄉居寂無生趣乃投向軍門營効用三月聞奉檄偕委員陳化儒赴東流辦團練四月團甫成而金陵大營退守丹陽將軍福衞　命往江西勦賊予亦隨往駐劄廣信竊見文武不協急難奏效卽同朱春舫觀察返江左十年賊勢猖獗制軍檄予偕王刺史夢桂辦鎮江團練副者聽予舉於是鄉人齊集萬壽宮俱允遵辦此三月中事及閏三月十八日忽大雨雹酉刻金陵和帥率兵勇萬五千人潰至吾郡時團練未成萬難接戰不得已爲守城計凡築營開壕

列柵扛礮并備四城油燭帳房什物等事無一不需經營措置城中無糧予赴仙女廟買米二次先是制軍駐劄常州淮予領款到常支取及常州失而兵備道英墊給英出視河由鎮江府師辦捐籌款應給十一年六月師以請餉至滬同知傳代理三閱月銀錢分毫未發予墊油燭錢一千一百串有奇嗣蒙制軍曾中丞李保予縣令而予負債一千餘串之多何能籌出山計爰自燕臺歸隱繪棲山種竹圖以見志云

愛竹說

人之情不能無所寄其所寄者聲色貨利而外或豢養飛躍或羅致金玉古器收藏書畫雖不至於縱欲敗度然而一歸於玩物喪志而已矣吾之於植物也適然遇之悠然樂之無何境過情遷卽淡然置之乃獨於竹不能忘情往往於山水

之間見叢竹數畝其蔭靄然雖當炎歊盛暑暍人憩此未有不體舒而氣涼者於此可以彰其仁焉觀夫質勁而節堅凜乎其難犯有干雲直上之勢如人之秉義者不可以稍屈況乎隨風披拂俯仰自然得揖讓之度豈非知禮者之從容中節乎而心虛體圓無纖毫窒礙又深類乎智者之設施也至於歲暮天寒嚴凝肅殺被雪霜而不變其色友松梅而不渝其盟雖欲不謂之信得乎予每遇竹輒生慚色自揣無一能及其梗概也故曾作絕句三十首詠歎其材之美備而又繪對竹圖以寫吾平生之志蓋於竹三致意焉今復作愛竹說非敢繼濂溪先生愛蓮說之後或者有當於詩人詠竹之遺意乎

高氏義犬記

吾邑城南里許有岡隆然起於大道之中而廬其上者高生之酒肆也高生名華釀酒爲業畜一犬與常犬無以異及酒肆虧於貲罔能償其逋遂鍵戶而逃犬無所得食乃食於對衡之大覺寺僧夜仍歸於高氏之門一若向之守戶者十餘年不稍閒吾童時家岡之下往來必過高生之市門每昏旦見犬臥於檐下怪而問諸鄰人得其實嗚呼義矣吾居鄉遇人多熱腸片言之合往往爲人任艱鉅而謀其身家必底於安而後已乃鄉人轉瞬若不相識且遇事必從而投井下石焉如有宿仇深怨而不可解者始而以爲適然耳繼而比比皆是轉疑吾之有以自取因而然爾終夜思之曾無纖悉之開罪於人私竊怪之歷有年所今觀高氏之犬如此嗚呼豈人之性曾犬之不若乎犬乎犬乎其必有人焉聞之而赧然

乎

億堂文鈔終

鄉後學陳裕華校字

億堂文鈔附錄

秋林脫劍圖序

易有之勞謙君子有終吉子曰勞而不伐有功而不德語以其功下人者爲厚之至斯誠然矣羅君耦廉名志讓丹徒廩膳生也少稱飽學著作等身人咸知其爲士林中之優於文藝者獨未知其宅心忠正遇艱鉅事輒以身任是眞不世才也余於咸豐丁巳年遊幕鎮郡即深欽其人嗣於己未冬重游京江其時正值金陵逆燄鴟張耦廉每謂余曰士於此時不爲國家殺賊效力殊負素志壯哉言也乃未幾而風鶴頻驚鎮江防務綦緊常鎮道英公喜郡守師公榮光邑令田公祚亟請耦廉出爲董辦團防於是設局募勇製器械葺城垣嚴密防守井井有條皆其一人主之次年春大營潰圍句容

相繼失陷游兵散勇紛至沓來耦廉親督團丁盤詰得奸細之冒充溷雜者立時送官正法前後十餘人而內患爲之一淸是豈迂儒所能爲哉然此猶其規畫之著於常也當其時耦廉陳所見於道府稟大吏撥兵千五百名以向都督奎統帶來鎮又撥馬占魁老弱兵丁五百名紮於西城外雲臺山加以在城旗兵二三百名與向軍分守各城城大兵單不敷布置適馮軍門子材率領部下自上游九洑洲突圍而出至鎭養息遂留之以爲協防皆其措置之因時得宜非淺識者所能及也吾嘗見上游之潰兵潰勇來皆徒手一無整備軍器旣不能少緩軍柴什物與夫守城油燭木石等亦無不取之於局中是團防局兼作供給所矣經費浩繁絕無所出耦廉復百計籌畫襄府縣致書於避居江北之同鄉者設法勸

捐源源接濟是團防局又兼籌餉事矣部署甫定警信忽至總兵熊天喜爲制軍所倚重統領大隊駐紮丹陽猝於閏三月二十九日棄守而走屏蔽頓失至此乃始信耦廉所請步步爲營之論眞爲見之早也而惜乎未之行也且夫賊之爲計也本注意蘇常恐鎮軍截其後故於三十日分兵來攻城外馬占奎全軍覆没幸向都督一軍在城尚能支持然亦賴防局先經密派團丁得其虛實固我軍心方保無虞則耦廉之大有造於鎮城也而蘇常已如破竹矣迨後賊衆屢次來撲我皆有備無患惟八月僞忠王率衆三十餘萬圍攻二十餘日耦廉親冒矢石督率團丁協同各軍登陴固守或有時隨同出擊斬酋搴旗不計其數賊見無懈可乘始得漸漸退去轉危爲安而鎮城從此保全矣是役也自咸豐九年冬設

防起至同治元年撤局閱時計三年之久賊匪圍城撲城不下十五六次眞所謂日不暇食夜不解帶危險如纍卵性命在呼吸者也論功授賞吾不知當道將如何酬之乃卒之祇由參軍保以補缺後知縣已耳吁勞之不圖報於何有古今有同慨焉說者謂盍亦求之抑或曰亦使知之而耦廉則淡然處之且以爲昔日枕戈今獲安堵豈非人生大幸乎非分之榮何足齒及爰屬李君寫圖題曰秋林脫劍更系七言六章以誌之吾用是敬其學慕其才且重其度量之加人一等也周禮司勳事功曰勞若耦廉者其爲勞也大矣乃不伐不德若此其斯爲勞謙之君子歟余與耦廉爲兒女姻其事危城久深得當時梗概竊謂其功不可泯焉雖曰身將隱焉用文之而我實有不能已於言者至耦廉從前在高資帶兵擊

賊余未得其詳不敢贅入是爲序

光緒二年歲在丙子秋七月姻愚弟狄嶙季崖識

億堂文鈔一卷羅志讓撰志讓字耦廉丹徒人道光間食餼郡庠咸豐大亂時以辦團練守郡城功多保至縣令淡於仕進繪秋林脫劒圖以見志盡力於卹嫠育嬰爲郡人所稱居鄉遇人多熱腸片言之合往往爲人任艱鉅而謀其身家必底於安而後已余先叔父霞軒公當亂離時先生以長女妻之令從其戚狄季崖游先叔父盡傳其學佐江南諸縣幕以治錢穀著名後令浙江慶元有循聲皆先生之力也先生師事楊蜨庵先生最久吾邑名宿如張猗谷柳翼南顏子嘉周子如謝香谷皆與往還故見聞該洽生平悲歡喧寂之役一皆託之於詩著有億堂詩鈔焦山詩鈔江潭漁唱先叔父喜讀之勸梓以問世爲任剞劂焉先君子月如居士與先生過從頗數光緒庚寅先生易簀之夕十六年二月初七日先君子雜其家

人中環視歸而猶失聲也明年辛卯先君子鈔集鄉哲遺書爲京口掌故叢編而以未得先生集爲憾嘗詔慶年曰先生年七十有三猶及見全盛之世江鄉亂事載筆亦多顧自謂專力於詩不欲以古文詞獵世名故其文卒藏篋中無從借錄汝他日若見之宜亟爲表襮也慶年謹識之不敢忘近年先生之孫雁峰鴻年自歐州學成歸國有所樹立思述祖德欲掇拾其遺文講貫而揚詡之搜諸楹書無所於獲嘗讀先生雨夜示孫輩詩悱惻而不自盈也一日李君樹人以先生文稿示余謂是得之蔣氏友梅者余追惟過庭之訓爲之驚喜遂錄一冊急馳書告雁峰雁峰聞原本有先生遺墨必乞以歸余念雁峰祖述之誠爰擇其涉於事實者爲付削氏先生姪孫薇園曾年別求得數篇因以益之計最錄爲二十九

篇言鄉邦佚事者庶有取焉先君子徵存文獻老而愈劬於先生之文企願掌錄而不可得者至閱滄桑而始出慶年循誦反復如親聞其謦欬益爲之躊躇屢眷矣歲在屠維協合如月二十日壬申春分前一日丹徒陳慶年跋

横山保石牘存一卷

乙未仲秋
橫山艸堂

横山保石牘存序

吾邑東南十五里有山曰白兔其名始見於太平寰宇記東西二峯皆南北行惟中峰横列居人名曰横山四今三茅宮神祠在焉環山而居者自宋以来以山名其里至順鎮江志所謂崇德鄉白兔里者是也今三茅宮廟屬於三宗山左右魏家郭家大塘楊家諸村四裴家莊為頭宗山前西石城為二宗山西丁左秦謝劉家棗園諸村為三宗吾疑此三宗者即因於宋之白兔一里至順志丹徒縣舊惟七鄉熙甯中又益以故延陵縣之一鄉為八是崇德等鄉名尚在熙甯以前也至順志云崇德鄉十五里今散為村四十九吾所舉之三宗十一村當在四十九村之中白兔一里今散為村者十數而以吾族之西石城為大光緒丁

黄、八采、江寶、子節　一　横山草堂

未初夏甯滬鐵路敷軌至馬蹟蘇游皆與橫山相望黠徒貪餌欺我雲巖鑿空四五直吾衡字村衆忿興無言不洩矣時吾村設道立小學已及一年光緒三十二年丙午三月常鎮道陶森甲設立名曰道立初等小學宣統三年辛亥九月國變道署委員王永祁以餘款維持至年終始行停辦學員恐其亂之長也亟馳書告余金陵余方以論山樵書證上皇山之即橫山為浭陽端制軍所欣賞吾友閩縣鄭蘇龕孝胥海藏樓詩卷六戊申題陶齋所藏瘞鶴銘水拓本云焦巖蒼蒼隱雲水上皇樵人呼不起留待丹徒陳善餘辨證橫山殊可喜　又東臺陳白石汝玉戊申秋八月為余寫橫山草堂圖並題云上皇山即是橫山說與傖人定破顏底事鶴銘落江水笑邊佳話到田間聞吾保石之請應之如響亟飭所屬商令路局停工並電致鐵路公司重申禁諭南山之石遂得嚴扃權使邑宰復祖署行野視學諸

奸絧繆牖户竟康此山余周旋其間始終斯役官書私牘湮没於篋中者今幾若存而若忘矣戊午之夏族人靜波安定築室於村之西偏謂余曰橫山之南吾宗所居子近年結廬於郡治樹珊學榮亦治舍於毘陵職思其居皆此山之見榮也吾辛勤航業以有此一廛仰止高山靈氣所宅興雲致雨沛潤一方使吾有敝廬而歌寍止者非此山而誰則此山之已事何可忘諸子盍亦綴拾之乎余聞而韙其言重念祖山之案自始事訖今已十有三年一切文牘之曲折都鄙之史未著於籍浸尋既久必有載籍無徵之歎爰取舊所掌錄者付諸剞氏以著彼時康奠之苦心用告吾族姓焉己未孟冬

橫山草堂

横山[illegible]石[illegible][illegible][illegible]　二

月二十一日戊戌冉徒横山鄉人識於見山樓

横山保石牘存

目錄

横山倚石廬存牘錄

上兩江制軍端陶帥書

督院致鎮江關道電

鎮江榮觀察復督院電

道立學堂報告

復端陶帥書

制軍與鎮江榮觀察電

江良榮等遵結

榮觀察復江督電

丹徒宗邑尊示諭

與宗邑尊書

橫山保石牘存目錄終

横山保石牘存

（横山草堂）

横山鄉人錄

村民私立採石租約

立出租山石帖人江良榮江正林因鐵路公司需荒石壜路採看白兔山南首有荒石成片此山係身祖遺之山公司憑中說合將自己受分無墓荒山租得五畝之譜東至己分山西至江姓山南至己分山北至江姓公山為界由東至西計二十四弓寬由南至北計五十六弓長為界四至丈尺開明立帖出租與鐵路公司採取礦石當日憑中言明租得時值估價洋蚨二

貞十長之賣子

一

横山草堂

百元整即日歸身收受清楚其山未租之先並無親疎外人
有分爭論亦非重複盜租等情自立租帖之後聽其賃主禀
請
憲示擇吉興工取石運填鐵道但用藥取石之際預為知會
往來行人如有遺誤等事以及車夫滋事生端係賃主一面
承管與出筆人毫無干涉自四月中旬興工起至十月終止
工無論荒石多寡以六個月為滿期滿之後其山仍歸身等栽
培樹木完納條漕無得異言各無返悔此係兩願恐口無憑
立此出租山石帖存證
光緒三十三年四月中旬日立出租山石帖人　江良榮

江正林

親房人　江啟蘭

江元龍

憑中人　魏集雲

江啟萬

江啟銀

上兩江制軍端陶帥書光緒丁未四月二十三日

陶齋大公祖大人鈞鑒列國政書譯稿凌雜掩閱理董辭晦意深心注目營如入幽谷日來兀坐竟未一謁起居至深悚息謹有聞者慶年所處西石城村在丹徒東南鄉横山之南

横山草堂

橫山偽石牌石

其山即寰宇記之白兔山其東臂之北過峽處起一大山是
名唐山刁景純懷南徐所居詩注唐山莊在白兔山側是也
慶年以此山之北為上皇村往時曾自署為上皇山樵西鄰
郡人未知其解題有竊議之者考瘞鶴銘者無人考及上皇山所在遂漫指為貞白書此
由歷史地理學之荒也舊有說正之遂徑以橫山鄉人自署其類稿人始習焉
與之相忘今其名久聞於我公前年在湘歸里復蒙大書橫
山草堂額見賜則橫山所有事安敢不聞於我公甯滬鐵路
近年開辦橫山距近即鐵軌所經鄉民緣山拾取碎石論方
取價輸諸路工生計所資各村競出礐之遺秉滯穗聽其自
利官長父老均可置之不問積日既久乃有奸人從而生心

頃據溆村鄉人來告謂見有楊家村之江良榮江正林為首徑將白兔山出租與路局大事開鑿鄉董魏家祥先經賣過大瀆山者熟經胥縻復為此山媒介經手遂有不作不休之勢刻下鄉人以正在開工合村老壯多奔含閶爭以劇傷地脈為言洶洶滋議欲迫慶年還鄉設法禁阻前得家大人來諭正在躊躇今晨復有人至甚慮鄉愚連村合勢與路工為難其勢不了慶年愚管之見竊以鎮江路石本有指定之山準其開採指定之外只可於距路近處相其勢便檢取石方不能聽其勾結土豪不問地主不問官權輒延攬開掘激成民鬨之局此事幸趙銘辛日內在鎮已據鄉人來信先達宗

橫山草堂

令請其出差往阻未知能否辦到慶年以政書義例未定一時不能即歸擬請我公電致鎮江地方官聲言甯滬路工開取山石本有指定之山聞鎮江東南鄉之董魏家祥與村民江良榮江正林擅於指定之山外有將白兔山售出之事如果確實應即勒令即日收回禁止開採先安衆心再議辦法云云未知言之是否如蒙照臨而呵護之則亦上皇山樵、為西鄉色喜者也伏乞崇鑒不勝惶悚待命之至治晚生陳慶年頓首

督院致鎮江關道電 丁未四月二十四日

鎮江榮道台洪甯滬路工在鎮採石本有指定之山茲訪聞

徒邑東南鄉鄉董魏家祥與村民江良榮江正林私售橫山四之白兔山見路局大事開鑿村民情勢洶洶欲與路工為難望飭縣迅速查明如果屬實應商路局即行停採先安眾心一面提訊魏家祥等勒追售價由官發酌情形妥議辦理總以息事寧人為要並盼速復方敬

鎮江榮觀察復督院電 四月二十六日

督憲鈞鑒洪敬電悉徒邑橫山四魏家祥等私開山石先已由縣提辦飭令停工民情亦安除飭再妥辦外謹先電復恂稟宥

道立學堂報告 四月二十七日

橫山草堂

善翁大鑒探聞得賣山之由初係工頭與魏董勘定大瀆山向東石城王姓山主承買於去冬開挖至今年仲春因越河圩內有王小齋者以此山關係合圩風水設法攔阻因此該工頭又與魏董說項魏董承允於已村之山補其所缺並談定價目後經合村之人阻擋於是中止魏董實因經手之為難即於橫山右臂弄出江姓來承認山主向工頭重定價目其中有魏董應得三成之說外由工頭送勞金洋五十元又四十元係江姓族人零碎中用費用約十元之譜於四月上旬後興工在西麓之南面先開兩小洞所有工人日見加增於西小洞之北開挖一大洞深一丈一尺長二丈八尺寬四

丈五尺又南少東於二小洞間開一洞深一丈一尺長二丈六尺寬四丈一尺又少東於初開一小洞之南再開一大洞深一丈四尺長三丈八尺寬四丈八尺此刻下已開之見狀也至椎石之多寡難以懸揣此山前後左右據村人云陳姓族間祖塋甚多今日弟等親往橫山察看丈量行至中途見山洞中有數人向楊家村而去想係在洞敲石者及至山上正在丈量之時忽有山東工人王姓率領六七人由楊家村來與弟辨白是非云我等仍須開挖洋人要石甚急昨日魏董雖已向我等說過停工并退還原價但我等已費去多錢焉能停止等語嘵嘵不已弟以善言開釋并屬同行之村人

不必與之口角約在山二小時即返云前委查考鄉土學各條見已有十之六七不日即當將稿奉覽也道立初等小學第一所教習張敦恩戴銘吉同啟

復端陶帥書 四月二十七日

陶帥大公祖大人鈞座昨夜由陳堯甫傳示榮道復電知橫山開石事先已由縣提辦飭令停工民情亦安云云宵深人靜聞此好音感荷康奠之功且得甘寐惟今早得含閶專函謂昨晨鄉人奔告言鄉中不聞有停工消息且加添百餘工人往山開鑿家大人當專人往視果然大約路局意在趁交涉未妥加力開鑿商量大妥之後若輩之目的已達鄉人之

忿怨大興後患實難設想見在鄉人奔訴來城堅求辦到迅即停工四字否則便須羣向路工處爲難爭往鄉董處毀村家大人無奈已往鄉相度情勢勸令靜守官長辦理屬慶年即歸里一行鄉氓愚懦當其懷怒未發如蠕動之營於幽壤人弗之察耳此榮道電所以有民情亦安之云也慶年前首途時往橫山拍影鄉董魏家祥時適在側並未言及祖山之事其實事已早妥趁慶年來省驟興大衆非嚴加懲處後患將無窮期可否由我公再電榮道聲明昨日橫山開鑿並未停止且加多工人見在要著應商路局將迅即停工四字先行眞實辦到一面再提魏家祥等訊辦以弭後禍云云未知

橫山草堂

可否慶年擬請公 給假於明晨歸去事定即回計往還不過
數日耳

制軍與鎮江榮觀察電 四月二十七日

鎮江榮道台洪宥電悉横山採石事見聞並未停工且加添
工人百餘大事開鑿民情洶洶欲先毀鄉董之家再與路局
為難望飭縣迅商路局即日停工一面立提魏家祥等訊辦
倘或因循肇釁定為該縣是問並希將辦理情形速復方泐
印

江良榮等遵結 四月二十八日

具遵結人江良榮江正林今具到 縣主正堂大老爺案下

實結得身等之山本不敢賣實係魏家祥勾引說合今蒙恩
寬身等遵示願將山價洋二百元退出繳案充公所有賣據
一律收回理楚清白不致違延所具遵結是實

具遵結人監生魏家祥今具到　縣主正堂大老爺案下實
結得橫山凹前已蒙恩封禁生不合復賣與余姓開挖山石
今蒙恩寬生願將山價退還買主所有該山石凹生亦遵於
明天趕緊修補所有賣户契據均歸生收回理楚明白不致
有違所具遵結是實

榮觀察復江督電　四月三十日

南京督憲端鈞鑒洪沁電敬悉隨飭宗令單騎至橫山查勘

橫山草堂

橫山存存片存　上

該山有石礦二處工人已散剩有開石器物三十餘件祗一小工看管該令隨將器物帶回存儲諭該小工傳諭工頭停開一面提魏家祥到案伊願具結自行向路局退價並將賣契收回見由縣派差押往料理該處經宗令周巡十餘村民情均尚安謐堪慰憲廑職道榮恆稟三十叩

丹徒宗邑尊示諭　五月初一

出示曉諭事照得鐵路用石早經電稟　鐵路大臣指定專在香山大山峴山開採在案所有萊山橫山凹一帶山脈多與村莊墳墓有礙山石均已封禁不准開鑿即使鐵路須山開石亦應稟明勘定方可購採茲查有魏家祥等膽敢勾串

私開橫山一帶禁山實堪痛恨除飭差查提訊究外合行出示曉諭為此示仰附近民人等知悉所有萊山橫山一帶山脈均已封禁不准開石嗣後倘有假名鐵路私採山石一經告發或被訪聞定即提縣究辦決不姑寬其各凜遵毋違切切特示

與宗邑尊書 五月初二日

加彌公祖大人台鑒昨蒙高軒往鄉獎學折獄甘雨隨車乾腊之氓同鳴豫悅橫山開石一節極勞清慮兩蒙臨蒞事漸就理食茅踐土我國常言以斯通稱定其歸趣民所有權惟在地面但誦此語固已貽然若售及礦物則深入山腹其事

橫山草堂

皆為國有而非民有列強通例有識皆知且佘姓既為工頭於開採一層應由地方官指定之山豈有不曉乃私與江姓竊租而魏董為之媒介至令下窮地陽三罪維均如該工頭定不收價是抗官命激民怒者各有所歸則我公昨日提辦押解之空言恐尚須見之實事天作高山仁公康之其為感戴豈有涯量耶山橫山久經封禁示諭及魏江二姓所具之結尚求見示留為鄉土歷史之資料企盼之至湖南高等學堂其地在嶽麓山為朱張講學之地去歲弟承乏其間曾拍全影謹以一幀敬贈清鑒我公所照鼓樓崗一帶風景亦希見賜一分也　治愚弟陳慶年頓首

與常鎮道榮觀察書 五月初二日

心莊大公祖大人閣下 山鄉窮瘠得高軒戾止隨車甘雨所至謳歌學子莘莘歡迎旌節且蒙頒給獎品使得摩挲國幣奉揚仁風感荷深情味之彌永橫山開採一節黠徒貪餌欺我雲壑林巒有失鄉民震驚重蒙仁斾臨莅南山之石得望嚴扃所謂式遏寇虐無俾民憂詩人所頌我公有焉擬即作書告溧陽處所說情事或與尊處電復歧異如蒙見示不勝企幸鐵路經過東南各鄉公署如有路工地圖亦希惠借一閱當即奉繳也 治愚弟陳慶年頓首

榮觀察復江督電五月初三日

[illegible]

山 橫山草堂

南京督憲端鈞鑒洪横山開石事前將飭縣辦理情形電禀在案昨因查看西石城學堂順道同宗令復往查勘即令將所開二礦填封勒限魏家祥速退地價一面飭宗令派差稽查并知會路局一體嚴禁工頭不得再向横山開採民情均安職道榮恂稟江印

與常鎮道榮觀察書　五月初三日

心莊大公祖大人閣下昨奉賜復並寧滬鐵路地圖一幅心感之至頃復展奉示諭並二次電稿讀之歡謝無已惟昨圖係總公司所出只具大概前經中外日報館縮印外間已有慶年所需閱者係專在徒邑分段工圖乙巳仲夏曾由貴署

發出鎮江第一段地圖自京峴嶺至磨笄山止當時即由邑紳摹刊布告頃檢得一張呈奉精鑒第二段以後經過何村何山地勢若何計路工必有專圖送存地方官查核敬希我公飭檢存檔必可有得或須詢諸路局期在必獲之處亦乞一煩清慮爲荷治愚弟陳慶年頓首

與榮觀察書 五月初五日

心莊觀察大人閣下前夕上一書計已達清鑒昨日學堂有人來城言聞得魏家祥與工頭轇轕已經將售價給還但工頭意甚勉強必欲將已開碎石全行運去小車絡繹隴上其聲轔轔鄉人頗憤午後復有人二起來訴謂事經多日禁阻

至今猶在轉運外觀亦不成事云云惟聞該工允於今日停運如尚偷運不止洞口填封又無人認真督率屬在農忙相助為理事更難必慶年明日即擬反省應如何責成魏董以期妥洽之處尚乞仁公一勞清慮耳慶年敬啟

道立學堂報告 五月十四日

善翁大鑒端陽日弟恩遵命下鄉順道至橫山察看已開洞口碎石運完回學堂後即專人至魏董處邀伊來堂其家人云已往無錫遂復邀鄉人來堂陳說一切後經兩日該山並未開挖至初八日早間魏董至學堂弟即將填洞情由與伊說明伊因縣差同行未能躭擱稍坐即去是日忽有工頭來

堂商議請弟等設法除已開之山外擬在附近一帶開挖取石數日以来工頭屢次来商婉言至再弟以善推卸卻昨日晚間又有副工頭專為此事來堂懇情不止並云事成之後總有酬勞等語弟遂以決斷之語告之言此山屬於三宗係十餘村所共有凡山之左右與山前山西聚族而居者是不一姓並得管理見又屬制軍飭地方官辦理之事非我等所能通融但有道憲令學堂探問消息之諭不得不遵示直言伊聞此語仍屬関顧旋即辭去不意今早本村之人於江祠內即工頭住所聽有工人口出惡言如不讓伊開挖即欲帶同衆工人到西石城與村人為難三茅宮道士如有阻擋開挖之

事亦必陷害午後突有村人若干云及山之東西又有新開洞口當即屬義之叔同村人往山觀看果有此事詢及魏董伊亦無策弟以已開山洞尚未填塞今復有新挖之洞二處一在山左前面一在山右裏面均約有一丈寬四五尺深看此情形近於强霸揣測工人之意於此山開挖取石之事似難罷休而村人衆情惶惶如遇再行開挖亦將激成衆怒勢必互相爭鬬倘有意外決裂恐非弟等所能壓制工人百餘居住三茅宫係魏董經手每月房租十元據道士云自己未得房錢一文目下工人頗有欺凌道士霸佔地方之意今早發信之時見橫山運石之車絡繹不絕經弟查問云是工頭

所使不能停止弟思此事非令村人鳴鑼集衆阻擋不可又恐釀成大禍特又奉告諸祈酌奪速覆千萬千萬敎習張敦恩戴銘吉同啟

致督院總文案潘君 五月十五日

季孺先生閣下橫山開石事余工頭既經收回售價即應由縣押令遠去乃於端陽節後該工頭忽又向西石城學堂甘言輭纏橫山三茅宮内及江姓祠堂復大集小工竟突於十三日在前洞附近又有新開洞口之事實堪詫異且聞近日推石之車絡繹不絕村民憤怒盲從事不可知究竟當日已否與路局交涉清楚及見在如何飭縣迅辦之處至深焦念

路工用石鎮江既有指定之山萬不能容鄉董工頭私相授受且地腹礦物皆為國有而非民有為各國通例非百姓所能擅主所有魏家祥余工頭江良榮江正林非嚴行懲處必無息事甯人之日該工頭此次既改向學堂交涉如所欲不遂勢必結黨與學堂為難村民亦將以事未辦妥羣議學堂無用或謂學堂於當地公益不肯出力亦必紛紛與學堂詰難教育尚無普及之望鄉校先有衝毀之憂其事何堪設想該處學堂既由道署稟案創立亦應由該道派員常川駐堂以防惡果一切請代陳帥座為荷慶年敬啟

與潘李孺書 五月十六日

頃承指示至以為幸丹徒縣五月朔日告示錄奉台覽其中所載指定之山已有三處近又指出四面山準其開採已由縣勘定此宗加彌大令親告弟者示中既謂橫山一帶係屬禁山其不能容若輩私行開採何疑應如何電致鐵路大臣以期迅妥之處均請倬畫代陳帥座兩處電稿發後萬萬見示慶年敬啟

江督致榮道台電 五月十六日

洪橫山採石事屢經電請飭縣迅商路局即日停工並提魏家祥等訊辦茲經訪聞在前洞附近又有新開洞口之事推石之車絡繹不絕是該縣於此事毫未介意實屬荒謬聞村

民將有鳴鑼集聚強令停止之事倘竟釀釁事端該縣試問能否當茲重咎除電致上海鐵路公司王施二道飭禁外應請嚴飭該令迅即告知路局仍在原來指定之山開採以免肇釁一面嚴提魏家祥等到案懲處勿任泄玩切切方銑

江督致王施兩道台電　五月十六日

甯滬路工在鎮採石本有指定之香山大山峴山三處近因工頭包工圖省運費竟在横山凹之白兔山開鑿村民情勢洶洶欲與為難幾釀巨釁前經電飭榮道飭縣商明路局即日停採茲聞該工頭並未停工又於前洞附近有新開洞口之事鄉民將鳴鑼聚眾強令停止必致滋生事端除電飭榮

道飭縣查禁外應請迅飭路局委員諭知工頭仍在指定之山採石不得貪圖包工省費致肇釁端至要盼覆方銑

與榮心莊觀察書 五月十八日

心莊觀察大鑒弟到省後終朝碌碌籤候尚稽啟維政履綏愉當如所頌横山採石事甚勞清慮來諭涇陽業經以事妥上達昨接西石城學堂來書知工頭忽用幣重言甘手段改向學堂交涉輭語未終辣手已放前洞未補新洞又開似非專責成魏董所能了事謹以原函抄呈精鑒其中緊要事語以意圈出並求崇察村人憤恨激而一發事不可知目下尚一眼注定學堂滿謂能為彼等辦妥此事故一聞事故輒奔

橫山偶石脩存　　古

詐學堂工頭亦一眼注定學堂滿謂向學堂說過便無他慮故不惜一再與之輭纏萬一兩邊所期皆不能遂釋念之地非學堂而誰弟旅泊白門一切不能遙決鄙意以為橫山無事則已如尚有事變儘可由學堂徑達尊處較馳函來省迅速數倍如公以為然幸傳諭該堂教員不勝企幸見在已蒙沔陽兼電鐵路公司以期協力惟頃見其致公處銑電於大令頗有峻語其實加彌適往蘇垣於橫山後文實無從知之尚當往院一為稟陳耳昨見十五日時報知加彌已由蘇過滬如日內或已回鎮此函幸公先交一閱不另書矣

鐵路公司復江督電　五月二十一日

督署大帥鈞鑒前奉憲台銑電敬悉即電飭鎮江彈壓委員李令東河查詢茲據復稱詢已工程司據云白兔山雖地屬丹徒縣惟係丹陽工程歸無錫段工程司管理伊處並無包工人承辦開採等語查該山自四月二十八日經官封禁後並未開採亦無附近新開洞口之事除稟榮道台外合亟電復等語又據無錫段水利委員陳令欽鏢稟稱已飭分段工程司湯樸生轉令各工頭切勿再向該處開採據此理合附呈憲屢職道曾勷叩箇

丹徒縣示諭 五月二十二日

照得橫山一帶　奸民勾串路工　擅開封禁山石　墳墓

橫山草堂

均被震動　本縣訪提魏姓　押令填塞從公　倘敢再行偷挖　嚴辦決不寬容　特再簡明示諭　各宜安分務農

丹徒縣示諭五月二十七日

照得橫山一帶　奸民勾串小工　擅開禁山石脈　致彼村人驚恐　本縣訪提魏姓　押令退租填封　嗣後一律嚴禁　不准開掘搬動　倘敢再行挖拾　嚴辦決不寬容　特再簡明示諭　其各凜恪遵從

道立學堂報告五月二十七日

善翁台鑒月之十八日聞鄉人云昨夕有縣差到橫山未知何事二十日午時馬宜之兄來堂云方纔由橫山而來係奉

三舅父之命來山查看適值宗邑尊帶同馬姓差役馳馬至舊洞口性急暴跳口稱此處並無一人學堂函報不實等語即屬差役在鄉雇工填洞我與宗公云請至學堂略為歇息彼已息怱怱而去矣弟聞此言甚為詫異新開洞口地方本與舊洞之處相隔不能一眼兼顧此時又值工人午餐兼之宗公在山未經一刻故未周詳加以推石工頭已知禁止消息較前數日運石情形外面已覺稀疏所以與弟等奉告之信不甚相同但五月二十日實據尚屬可查楊家村江祠車夫尚有數十即三茅宮內所住工人仍未減少弟等於此事屢次從中解釋皆欲令地方安靜不有功而反有禍致受宗公之

橫山草堂

批駮遂即向義之叔邀前看洞之數人一同来堂弟遂將宗
公來山情形告之即託伊等至横山會縣差馬姓并約同馬
縣差至新開洞口處細看不多時縣差同村人一齊來堂縣
差云擻上本擬來堂拜會因天熱悤悤回署不及來此並無
說學堂不是之處已雇他村之人填洞惟該工頭初時本甚
傲抗見今略馴但山石已經擻上面諭封閉工人衆多尚住
三茅宫及江祠内難免偷運等情總以解散彼等方可無礙
擬上城面禀擻上須請下告示禁止方於事有濟弟亦將此
事起末略為告知並告以此事我等從中解釋多因擻堂之
於貴上諸多仰仗但地方之事本非我等之任總求地方安

靜無事為上絕無他意祈代稟貴上知情勿責為感伊聞此語亦叙謙詞而退近日填洞因陰雨所阻尚未告竣工人等業經馬姓縣差逐令他徙矣弟敦恩銘吉同啟

鎮江關道榮觀察來書 五月二十八日

善餘仁兄大人閣下惠書敬悉橫山凹之事前往勘封後復經宗令與路工委員陳欽鏶接飀工頭早已停工委員復函聲明工頭遵諭不敢再採魏家祥亦已將山價付還工頭事實完結此次先後奉督憲電及閣下書人言如是不能不復加考核旋飭宗令再親往一查歸來據稱洞口仍只兩處並無另開新洞所有洞口碎石照勘時大小堆數具在並未移

橫山草堂

動亦無工人在山民間亦無鳴鑼之事惟見有小車二乘推載黑色舊石詢之稱係村人檢拾澗間浮石堆積成方賣與路工者傾筐驗視全是黑色舊石並無一粒洞口黃色新石在內見已將洞口雇工塡好豎立本牌告示併山上浮石一律禁拾彼時適有令親亦在山中各情皆所目覩想已據實函達據宗令所稱如是除隨時飭縣派差前往密查外知關錦注纏以奉陳專復愚弟棨恂頓首

江督飭常鎮道札 六月初八日

甯滬路工需用石料各處本有指定之山可以開採前因鎮江工頭串通奸民私在丹徒縣屬橫山凹之白兔山開鑿村

民不服幾釀巨釁經迭次札飭常鎮道督縣查禁並電滬甯
總管理處一體飭遵在案茲據該總管理施道王道等電稱
白兔山石遵諭飭令停採但工次需用石料實為大宗運送
遠近出入甚鉅鄉民藉口阻撓只知利己到處孔多刻計路
款已屬不敷誠恐銀公司執以為言借款愈增後累愈重擬
請嗣後距工相近之石山如由本路彈壓員商明官紳無関
地方利病者應仍準工程司給價採取以節糜費等情查路
工関係緊要所請就地採石自係為節省工費起見惟必須
明定辦法嗣後凡距工相近之石山如需開採應先由該路
彈壓員妥商地方官紳查明與地方情形及民間墳墓等事

確係毫無関礙方準給價採取仍不准工頭私自勾串本處奸民擅行開鑿合行札飭遵照無違

與宗邑尊書 六月十八日

加彌公祖大人閣下別來悠悠遽爾逾月缺於箋候未嘗弭忘比維政履綏愉慰如所頌近得心莊觀察書敬諗高軒又過横山集民趋事已鑿之空遂得嚴扃所謂君子有徽猷小人與屬誦此雅言公允當之前此尚慮横山再有事變誠恐報告由鄉轉城由城轉甯由甯復電鎮展轉稽擱或誤事機而慶年在甯居處僻在西南一隅與督署所距亦遠三處均不接頭如鄉里傳聞不免歧誤極峰電語或有重輕皆非心

所能安曾函請心莊觀察傳諭激村學堂以後鄉閒情形即由教員徑報道署以免稍有誤會原函云云曾託心莊觀察先爲轉致計已仰邀台詧顧瞻桑梓懸系方深乃蒙我公真勞徂暑行野履綦屢蒞竟康此山三宗人民共拜嘉貺區區之忱但有永矢惟祝公久任福我鄉邦而已治愚弟陳慶年

頓首

橫山保石牘存

西石城陳麒年校

橫山草堂

崇德窑捐牍存一卷

乙未仲秋
橫山艸堂

崇德窰捐牘存

目錄

鄉董上縣公署詳

學務委員查勘窯地會詳

丹徒縣知事公署佈告

丹徒縣知事公署訓令

丹徒縣知事公署佈告

崇德上縣公署呈

崇德上縣公署呈

丹徒縣公署指令

丹徒縣知事公署佈告

諫壁上縣公署呈

窯捐牘存目錄終

筆耕牌不貝钱

一

（橫山草堂）

橫山鄉人錄

丹徒縣知事公署飭

為飭知事據諫壁鄉區長董事詳稱該鄉西與崇德丹徒毘連該處蘆葦害蟲為數甚多業由鄉董函知丹徒殷董正柏及今仍未傳諭撲滅當此吃緊之時原應不分畛域特此西藍灘地蘆葦為鄉區第七區之産轉恐迅速之中反生意外交涉況彼處蝗蝻不滅此處縱令日告盡安知明日不因此滋蔓其遺患正未堪設想為此不得已一再磋商理合會詳鑒核至如何辦理之處伏乞批示飭遵等因據此合亟飭仰

該董即速齊集農佃人等盡力撲捕以免遺害此飭

右飭崇德鄉董事王思爍准此

丹徒縣知事章同

中華民國四年六月二十四日

保董等致崇德鄉董報告

竊我鄉上八圖地方東與諫壁接壤以半至橋為界西與丹徒毘連現有河為址惟東有茶蘗港其港東西兩方均有窰座港東為諫壁鄉地港西係本鄉管轄滿清時兩方均有窰捐歸丹徒司経收迨自治成立後諫壁鄉董王錫五即將窰捐撥充該鎮學堂復私行越界抽收將我鄉之窰捐亦補充該

鄉學實非止一日矣昨有蝗蝻在境理合不分畛域盡力撲滅而乃自畫疆界斷不越雷池一步該董王紹沂反詳請縣署指令西藍灘乃七區地點應飭崇德鄉撲滅是該處捕蝗之事既應派在我鄉則該處收捐之事自應亦派在我鄉方合公道如仍歸該鄉經收聽其損人利己事理之不平未有過於此者也為此請求貴董竭力爭執具文詳請　縣長秉公核奪實級公誼上八圖保董侯華廷等公啟　八月十日

丹徒縣知事公署飭

為飭遵事據諫壁鄉董事王紹沂稟稱本鄉三處學校全憑特稅開支所出入數目均遵公署支配實行分文不能短少

奈各捐户延緩者居多非至陰歷除夕不肯交足是以日前
詳請　縣長借款暫為墊付在案鄉董仍一面催捐而方並
進不料有山西窰户鄔子雲馬炳堯二人欠洋十五元抗捐
不繳疊飭地保收捐嚴催數次伊云有七區崇德鄉侯家村
侯華廷阻擋云山西該窰地點屬崇德鄉該捐應歸崇德鄉
收納勤令不准繳諫壁鄉收受鄉董細查該窰地點仍在諫
壁鄉十三區之内不過該處有在七區崇德鄉完糧之田何
得以此藉口且本鄉由前清開辦潤東學堂以來今已十載
年年收捐毫無阻力該窰果在崇德鄉區内當日自治成立
理應争論何得於自治取銷業經兩載當此歲暮之時忽有

事外之人出面無理取鬧阻擋學捐抑知該捐均經支配停當一經短少不足開支為此具函伏乞　縣長大人電鑒立求速飭公役將邰子雲馬炳堯二人并阻擋侯華廷一併提案押追不勝迫切待命之至等情前來查地方學捐為小學要務豈容便意延欠據稱該鄉窯户邰子雲等抗款不繳侯華廷藉端阻擋等情深堪痛恨為此飭仰該役立即前往飭令該窯户迅將所欠學捐如數繳清倘有違抗情事即將該窯邰子雲馬炳堯等與前次阻擋之侯華廷等一併提案訊追毋得庇徇致干未便切切此飭

丹徒縣知事章同

洪憲元年一月二十四號

崇德致學款經理處公函

逕啟者竊敝鄉東北與諫壁鄉接壤其分界之處有大溝一道名曰茶蘗港該港東西兩灘窑户甚多東灘窑户二十二家在諫壁鄉境内西灘窑户九家在敝鄉境内詎有諫壁鄉董事王紹沂在該鄉興辦窑捐以充學費竟暗中越界向敝鄉各窑户私行收捐已非一次以敝鄉之款供他鄉之用敝鄉人民久抱不平去歲諫壁鄉董事奉令撲捕蝗蝻僅及茶蘗港東岸而止不越雷池一步其時該董并會同該鄉警察區長詳報 縣署聲明西岸灘地係屬七區崇德鄉範圍應

請轉飭崇德鄉董事率衆自行撲滅等情在案足見西灘之地確非該董所能管轄彼已自行承認不料捕蝗之事該董則諉卸他人而收捐之事該董則引為己任害則歸人利則歸己天下不平之事孰甚於此查諫壁鄉學校三所每校月支洋二十餘元敝鄉學校兩所每校僅月支洋十元蓋各鄉教育經費之支绌未有過於敝鄉者乃該董猶來攘奪窯捐致使敝鄉之學費愈形不足可謂忍心害理之極現敝鄉學校因經費太绌整頓非易且校内設備多未完全迭經學務委員勸囑籌款以為補助維持之計董再四躊躇無從設法乃商勸該董王紹沂將私收敝鄉之窯捐如數退出以備應

橫山草堂

用當經辛豐鄉董事夏嘉崇調停言定自此以後已收者概不追究未收者即歸敝鄉收取以昭公允此前月上旬事也董當即通知各窰戶遵議辦理豈知該董近日忽以窰戶邱子雲馬炳堯抗捐不繳倏華廷出面阻擋請求押交等語謄詳　縣署並稱該窰地點係在諫壁鄉十三區之內不過田畝在七區崇德鄉完糧云云不思田畝既在敝鄉完糧則該地即在敝鄉範圍之內毫無疑議且茶麋一港天然界限一望而知何能欺飾現聞　縣長因該董謄詳之故已經飭役提追董即前往視察果見有公役李燦之夥兩人架詞恐嚇除向窰戶將捐洋十五元如數勒交外又勒索川資洋元該

窯户家本貧寒何堪經此擾累伏思該董越界收捐已屬不合而又於事已調停之後朦詳勒索擾害貧民更屬荒謬若不請求　縣署秉公核辦不獨疆界牽混將來交涉必多而敝鄉學款不克擴充實於教育前途大有妨礙爲此函請
縣長鑒核立飭諫壁鄉董事王紹沂將此次朦詳勒索之窯捐洋十五元如數退出以濟敝鄉購辦校具之用并請將敝鄉境内窯户九家每年認繳捐洋三十五元隨時撥入敝鄉預算案内以清界限而維教育不勝感戴之至崇德鄉董事
王思爍啟
洪憲元年一月二十九日

崇德學捐府存　五

學款經理處函咨

知照事奉　縣長章批本處詳據　貴董函請將本管鄉內窯捐撥充該鄉學校費一案轉請示遵由奉批詳悉據稱茶蘗港以西係屬崇德鄉地境所有該處窯捐自應撥充崇德鄉教育費自丙辰年起此項捐款即著崇德鄉董事經收候本署編制本年概算時即將此款劃充崇德學捐收入可也仰即轉行諫壁崇德兩董事知照此批等因奉此合行轉知

貴董查照此致　崇德鄉董事

中華民國五年三月二十一日

諫壁鄉董上縣公署詳

詳為江灣窑捐仍全歸本鄉掌管仰祈鑒核事案准丹徒學
款経理處咨開奉　縣長章批本處詳據崇德鄉董事函請
將本管鄉内窑捐撥充該鄉學校費用一案轉詳示遵由奉
批云云等因准此查徒邑田地皆係以户領坵雖區圖各别
并無切實之界址可分故有害則易於相推有利則易於爭
奪如越河龔宋潘東陶莊等村俱屬七區實有十三區之户
口在内然此猶在兩區交界之處不妨劃與七區若江灣窑
之全屬於諫壁鄉毫無疑議當前清劃分自治區域時該窑
即由諫壁鄉呈報在案今試將確實之證據請為我　縣長
陳之一該窑業主倪瑞祥等所置田地皆在十三區一圖完

糧的然可考一諫壁有兩善堂一崇善堂一廣濟堂專收埋路斃浮屍即貧苦之家無力購材者亦由堂發給該窯屬廣濟堂所管工人中有貧不能殮者迄今猶來堂乞取皮材又前清光緒年間有帶傷男死一具倒斃該窯路邊官相驗時只傳十三區里運及圖保到場絕不聞七區受累一長岡頂官道傍有大石一座向例諫壁丹徒兩鄉以石碑為界此官長下鄉十三區之地保及里運等迎送俱以此石為界限迄今猶共守此例未常變更該窯距此界石尚有半里餘以上數端皆可為該窯不屬崇德鄉之鐵證該鄉董函稱奈蘗江以西屬崇德區域查該窯僅有潮溝一道并無所謂奈蘗江徵

之邑志間之土人均不得其江之所在若竟指此溝為江未免視江太小矣況潮溝在大界石之東距大界石尚遠於是江灣窰之地點實屬諫壁鄉掌管除咨復丹徒學款經理處外理合會詳　縣長鑒核示遵謹詳

丹徒縣知事章

諫壁鄉董事王紹沂

民國五年四月一日

崇德鄉上縣公署詳

詳為無理混爭希圖翻案懇求賜勘批駁事竊董函由丹徒學款經理處轉詳請將本鄉境內窰捐撥充本鄉學款用費一案奉批云云等因董事轉奉之下仰見　縣長秉公裁決

維持本鄉教育之至意欽感莫名詎諫壁鄉董事王紹沂接批後忽又飾詞朦爭竟圖翻案其所陳説大都毫無真理一味混牽如所云窑户倪瑞祥田畝皆在十三區一圖完糧等語查倪窑係在東灘本與潄鄉無涉董所爭西灘邰子雲馬炳堯等各窑户也邰馬等糧户確在七區有串可證此不可不辯别也又云長岡頂官道有大石為界等語查該石專為指導行人方向而設名曰路牌上有鐫字為憑并非兩鄉分界之石又不可不辯别也至所云本邑田地以户領坵本難分界果如其説則各鄉界坵在在皆可混爭尚復成何事體其他如善堂施材鄉民送官等語毫無確憑即如茶蘗港上

通江口下通半至橋此橋即諫壁崇德分界之處鄉人無不
知之該董乃曰土人不知更屬可詫照該董此次詳文中於
去年分界捕蝗之事毫不提及一字可見前後矛盾不敢著
筆總之該董飾詞混爭情節顯然況前在學款經理處總董
王振文見董前函即邀該董王佁沂面議解決該董理屈詞
窮當場承認故王總董始將前函轉詳不料既經　縣長批
准之後伊忽又朦詳混爭誠不知是何居心伏思紙上辯論
終屬空談擬請　縣長俯賜履勘實地查察孰是孰非當可
辯白為此備文詳請　縣長大人鑒核是否有當伏乞裁酌
施行實為公便謹詳

崇德窰捐牘存

橫山草堂

崇德鄉董事王恩燦

丹徒縣知事章

中華民國五年四月三日

上八圖公致鄉董節略

敬略者竊民等世居崇德鄉上八圖地方與諫壁鄉接壤有荼蘗港半至橋為分界之處港東為諫壁鄉港西為崇德鄉去歲撲打蝗蟲即在此分界諫壁鄉董事王紹沂亦自承認有案可稽不料該董王紹沂託名興學在該鄉抽收江灣窯捐復私行越界向本鄉東灣之窯各户及織蘆蓆各船户收捐鄉民惕於諫壁鄉董事之威敢怒而不敢言已非一日今聞貴董因本鄉學款支絀詳請　縣署將諫壁鄉董私行

收取之窑捐盧席捐撥回以充本鄉學款業蒙 縣署批准
在案民等聞命之下異常欣慰不料諫壁鄉董貪心未已復
又運動多方并揑詞朦詳縣署希圖翻案而 縣署果又另
委諫壁崇德兩鄉學務委員夏啟泰張崇瀫兩君會勘詳復
詎張君竟不邀貴董而但邀夏君及諫壁鄉董王紹沂草率
查勘 民等 當時追隨左右將各地勢詳細指告而該學務委
員張君夏君竟置若罔聞而但聽諫壁鄉董王紹沂一人之
指告唯唯諾諾不加考究本鄉各窑基戶檢出糧串多紙為
證而伊等竟怱怱不顧而去矣為此具略報告并將各窑業
主祖戶姓名開列於後即請貴董竭力爭執備文轉詳 縣

崇德窑捐牘存 乙 橫山草堂

長鑒核秉公裁奪以維前案實為公便謹畧
上八圖保董侯華廷商民侯榮卿 侯榮國農民莊乾立許大
金馬仁和姚啟連章崇善章崇敬王喜柏侯榮珍趙年財許
大武紀開霞侯華隆朱得發許大和侯榮壽王有全賈慶昌
馬冠如章賢安張啟浩侯華殿等

計附板串十紙並將各窰業主租户姓名列左

業主陳得富　租户郁子雲　两窰　業主王章秀　租
户馬炳堯　两窰　均在七區上八圖完糧
業主趙姓　租户霍志餘　两窰　業主蔣雲卿　两窰
均在七區下八圖完糧

中華民國五年五月十七日

鄉董上縣公署詳

詳為勘界不公羣情激憤請求核奪事竊本鄉窯捐前被諫壁鄉私收經董詳由　鈞署批准撥回以充本鄉學費在案嗣因諫壁鄉董事王紹沂又朦詳混爭復蒙飭委三四學區兩學務委員秉公會勘仰見　縣長慎重界務維持學校之至意前據本鄉保董侯華廷及民人等略稱該學務委員於前日會勘時有諫壁鄉董事王紹沂同行一切情形該委員等並不明瞭悉聽王紹沂一人指揮窯戶以糧串呈驗竟不留心察看其中顯有情弊該民等均抱不平羣來向董詰責董

實不能坐視查各鄉學校月費均係二十餘元或三十餘元不等惟本鄉學校僅月支洋十元較之各鄉可謂特別困苦今縱不能以他鄉之有餘補本鄉之不足而本鄉區區之窯捐蘆蓆捐何能再任人侵奪致使本鄉學費益形困苦此董所以不得不力爭也茲將原略並板串十張附呈備文詳請

縣長鑒核伏乞酌奪示遵實紉公誼謹詳

丹徒縣知事章

崇德鄉董事王思燦

中華民國五年五月十八日

學務委員查勘窯地會詳

詳為奉飭查勘具復呈請核辦事案奉飭開案查江灣窯捐

全充諫壁鄉教育经費歷年已久嗣據教育款產經理處董
事程也魯王振文詳據（稱）崇德鄉董事王思燦函稱崇德鄉東
北與諫壁分界之處有大溝一道名曰茶蘗港其東窯戶二
十二家在諫壁鄉境内其西窯戶九家在崇德鄉境内請將
西灘九戶窯捐撥歸崇德鄉預算案内等情當即批准在案
茲又據諫壁鄉董事王紹沂詳稱茶蘗港徵之邑志詢之土
人均不得其港之所在所有江灣窯捐仍應全歸諫壁鄉掌
管等情據此查雙方所稱各有不同該項窯捐究應如何劃
分仰第三第四學區學務委員會同查勘明白詳復以憑核
辦等因奉此遵即會同前往實地履勘查兩方各指分界證

據其要點一在長岡官道旁之石碑一在上通江口下接半至橋之茶蘼港大道旁石碑明明標指導行人而設固非兩鄉劃界之界碑而茶蘼港之名稱又實為邑乘所不見再三查攷在縣志河渠類載有渡泥小溝港在諫壁鎮通半舟橋此等語顯非崇德諫壁之界河據此則茶蘼港三字既係渡泥港之音訛半至橋又係半舟橋之字誤文字舛錯雖無足深論然此舉亦足見事不徵實之明證此兩方提出分界之證物均未免一時臆造也緣鄉與鄉毗連從無分界之可考自各市鄉自治成立所分自治區域實係根據忙漕區域故對於此項爭執問題除在忙漕上證明區域似別無正當之

解決委員等爰令各窯戶所在地點提出糧串然後按照單上填註區圖指令各窯戶證實地址計在崇德鄉七區內者五戶在諫壁鄉十三區內者三戶均有業戶姓名可證惟有一窯地址確係在該五戶窯址以西其屬於七區亦無疑議據以上所查九戶屬於崇德者六屬於諫壁者三似尚有證據可憑至謂本邑田畝多係以戶領坵本難辨別則是鄉與鄉終無分區之可言而舍此又別無證明之方法此係委員等一再會勘所見者如斯正擬合詞詳復間又奉飭同前因理合將所有會同查勘實在情形據實詳陳是否有當伏乞縣長鑒核再此件委員等係得同意由啟泰主稿合並聲明

謹詳
丹徒縣知事章
第四學區學務委員張榮瀫
第三學區學務委員夏啟泰
中華民國五年五月二十九日

丹徒縣知事公署佈告

為佈告事據崇德鄉董事王思燦呈稱竊諫壁鄉董事王紹沂爭執窯捐一案前蒙鈞署飭派兩區學務委員會勘窯址當經根據糧串劃清界限除坐落諫壁鄉各窯戶歸該董收捐外其坐落瀫鄉境內則劃歸瀫董徵收業經鈞署編入教育經費預算案內現屆陰曆歲秒各窯戶正擬繳捐詎諫壁鄉董王紹沂貪心復熾竟敢藐抗成案迭飭地保越界催捐甚

至欲將敝鄉各窯户拘押勒繳實屬狂悖已極查敝鄉學款全恃窯捐倘被侵奪則破壞教育匪淺為此據情呈報伏乞縣長鑒核出示禁止以維成案而杜貪謀等情據此查崇德鄉與諫壁各窯户地址早經本公署劃清界限除再令飭諫壁鄉董不得越界收捐外合行佈告崇德鄉各窯户一體知悉嗣後各窯户應納學捐即繳由該鄉董經收毋再越界切切特此佈告

丹徒縣知事章同

中華民國六年一月十九日

丹徒縣知事公署訓令

崇德窯捐牘存　十三　橫山草堂

案查諫壁崇德兩鄉董事互爭江灣窰捐一案業經本署委員查明窰址根據糧串劃清界限分别令遵在案茲據諫壁董事王紹沂呈以雙方收捐每多爭執擬變通辦理將每年應劃歸崇德鄉之窰捐大洋二十四元每月在諫壁鄉應領之附税十五元内扣除兩元由教育款産經理處發交崇德鄉董事收受所有江灣西窰之捐一律仍暫歸諫壁鄉徵收以免轇轕請訓令崇德鄉董事王思爍遵辦等情前來除指令所擬辦法尚屬可行仰候令行崇德鄉董事遵照可也此令外合行訓令該董仰即遵照辦理此令

丹徒縣知事倪曾鑒

中華民國六年六月十七號

丹徒縣知事公署佈告

為佈告事據諫壁鄉董事王紹沂呈稱查本鄉江灣東西窰捐已徵收十有餘年去歲因與崇德鄉爭執以致遷延嗣由董事籌一變通辦法將應歸崇德鄉经收之窰捐由董在別項學款中先行墊撥所有西窰捐款仍暫歸本鄉经收以便歸墊業經商明崇德鄉董事呈准鈞署在案惟恐西窰各户尚未周知為特呈請鈞署迅予給示西窰各户一律照東窰章程每燒一窰捐大洋一元仍暫歸董事经收歸墊不得藉端延宕等情到署據此除指令外合行佈告仰該窰户一體

崇德窰捐牘存　十四　橫山草堂

知悉嗣後該窰戶應納崇德鄉之學捐即照章納繳暫由諫壁鄉董事經收歸墊毋得藉端延緩倘敢故違一經察覺定行提懲不貸切切特此佈告

丹徒縣知事倪曾鎣

中華民國六年十月十一日

崇德上縣公署呈

為遵照定章呈請佈告事竊敝鄉茶藥港西窰與港東屬諫壁鄉窰捐早經區劃分明禁止越界在案上年一月間經鈞署佈告內開查崇德鄉與諫壁鄉各窰戶地址早經本公署劃清界限除再令飭諫壁鄉董不得越界收捐外合行佈

告仰崇德鄉各窑户一體知悉嗣該窑户應納學款即徼由
該董經收毋再越界切切等因敝董正在遵照進行嗣於十
月間又奉　鈞署指令據該鄉董一面之詞請以西窑之捐
仍歸徼收訓令敝董遵辦敝董與敝鄉紳耆籌商辦法尚未
具復又見　鈞署佈告内開據諫壁鄉董王紹沂呈稱應歸
崇德鄉經收之捐由董等一變通辦法在別項學款中先行
墊撥所有西窑捐款仍暫歸本鄉經收以便歸墊等情據此
合行佈告該窑户嗣後應納崇德鄉之窑捐暫由諫壁鄉董事
經收歸墊等因查該董此項呈請既言明變通辦法其非正
當之規定可想而知然一則曰應歸崇德鄉經收之窑捐一

崇德窑捐牘存　横山草堂

[illegible][illegible]窯捐片存　[illegible]

則曰暫歸本鄉經收其於主客之勢言下固甚分明亦自知
其不容久假也且改董之所呈請曰暫歸本鄉經收而
鈞署之所佈告亦曰暫由該董經收其非永久之規定亦昭
昭矣嗣後敝鄉學捐即毋庸該董墊撥所有西窯捐款即由
敝董恪遵定案查照向章每燒一窯捐大洋一元永歸敝鄉
經收與該鄉東窯各守界限我無爾詐爾無我虞庶該董可
無墊撥之煩而敝鄉永免主權之失實為兩得之法也惟恐
西窯各戶尚未周知為此呈請　縣長令諭壁鄉董王紹沂
遵照辦法一面迅賜給示西窯各戶一律照章每燒一窯捐
大洋一元永歸敝鄉經收不得借端延宕實為公便謹呈

崇德鄉董事王思爍

丹徒縣知事倪

中華民國七年九月八日

崇德上縣公署呈

為申明定案呈請佈告事竊敝董於本月九日具呈　鈞署為敝鄉茶蘗港西窰與港東諫壁鄉窰捐分別經收一案諒邀台鑒茲查民國五年五月間　鈞署飭查兩鄉分界處是月二十九日曾由學務委員夏啟泰等查勘復稱各市鄉所分自治區域實係根據忙漕區域故對於此項爭執問題委員等令各窰戶所在地點提出糧串證實地址計在崇德鄉七區內者六戶在諫壁鄉十三區內者三戶皆有證據可憑

等情在案此次應請　鈞署查照前屆勘定界限與窯座數目佈告各窯戶周知俾免爭執而資永守實紉德誼惟前案所云諫壁鄉三戶外有蔣雲鄉一窯緊接敝鄉第六窯之東實在敝鄉七區下八圖界內有糧串為憑幸此時係屬荒窯彼此兩方尚無爭執合併聲明敝董因日前所呈但依港界分為東窯西窯茲特聲敘前案並粘呈窯座略圖用再呈明

伏乞　縣長電鑒訓令諫壁鄉董事王紹沂與敝鄉各守定界收捐并一面將敝董日前呈請各節迅賜核准給發佈告曉諭各窯戶一體知悉俾得遵行實為德便謹呈

丹徒縣知事倪

崇德鄉董事王思爍

中華民國七年九月十七日

丹徒縣公署指令

呈悉查諫壁崇德兩鄉互爭窑捐一案前經本署派委查明劃清界限分別令飭遵照嗣以該兩鄉收捐方法未臻妥善致受影響始由諫壁鄉董商明該董擬具變通辦法呈請將撥歸崇德之窑捐每年二十四元仍由諫壁鄉董代收即在諫壁應領之學款內按月支撥兩元以一事權而免轇轕等情到署又經指令照准并令行該董遵照各在案是此項窑捐徵收手續雖經本署酌予變通而所有權仍於該鄉毫無損失況諫壁鄉每月撥轉之款亦從未短少此項辦法行之經

崇德窑捐牘存　十二　横山草堂

年各方稱便令該董聚議改歸自收恐不免紛擾如前別生枝節且據諫壁鄉董呈稱款已墊出而捐未收清一旦變更殊多困難等情之語揆之事理尚係實情仰仍暫照原案辦理俟舊曆年終結束之時再雙方訓令撥歸自收可也此令

崇德鄉董事王思燦

丹徒縣知事倪曾鏊

民國七年九月二十七日

丹徒縣知事公署佈告

為佈告事案查崇德鄉箋捐前由諫壁鄉董代收撥轉嗣據

崇德鄉董呈請改歸自收又據諫壁鄉董呈請免予變更當

以俟舊曆年終結束之時再行雙方訓令改歸自收分別指令各在案茲屆舊曆年終應准將崇德鄉窰捐撥歸自收除訓令諫壁崇德兩鄉董事外合行佈告仰西窰各戶一體知悉嗣後該窰戶所納學捐應照本署前定界限由八年二月起分別繳納屬於諫壁三戶仍繳由諫壁鄉董經收屬於崇德六戶即繳由崇德鄉董經收毋得違延切切特此佈告

丹徒縣知事倪曾鎣

中華民國八年一月二十八日

諫壁上縣公署呈

為無理奪捐大受影響先行陳明仰祈雷鑒原諒事竊本鄉

崇德窰局賣字　卜八

橫山草堂

江灣東西窰捐當日開辦潤東學堂并非勒令伊等出捐始而維持貧户無力燒者繼則逐年勸諭舌敝唇焦至今十有餘年方有把握詎崇德鄉董王思燦聽人唆使無理取鬧前年呈報公署云西窰係崇德鄉地點欲奪現成利益嗣經公署派員調查雙方地址而兩鄉並無實在鴻濱不得已即以糧串為憑漫稱屬崇德者六張屬諫壁者三張抑知我邑素有卯領户户領卯之説則糧串何得為鐵證是以鄉董始終未便承認去歲每月津貼諫鄉大洋兩元者實因彼此均非為已何必爭執不休公益私交雙方兼顧詎料王思燦生性貪婪得步進步居然以空言為實事又要求公署訓令兩鄉

分收鄉董未奉訓令以前業已呈請公署仍照舊章並將一
切情節縷晰陳明茲無庸多瀆總之窰捐一經分收則東西
兩處均受其累蓋東窰之人有窰在西首者西窰之人亦有
窰在東首者此中曲折多端筆難盡述且分收一説崇德六
張諫壁三張試問六張之中何姓何名三張之內又何名何
姓如以東西而論則西窰共計九張應全屬於崇德而諫壁
又何有三張足見此中無的確界址既無的確界址而糧串
更何足為憑乎南山可移而此窰捐獨不可讓惟念二月份
學款轉瞬即須給發照此情形窰捐必大受影響我鄉窰捐
為學款之大宗窰捐既難徵收而學款即難照發是以先行

陳明屆時不能歸咎於鄉董收捐不力也為此據實呈報伏
乞　縣長大人電核並祈仍照舊章以維學校實為公便謹
呈
丹徒縣知事倪
諫壁鄉董事王紹沂
中華民國八年二月十一日

丹徒縣知事公署指令

查此項窰捐前由該鄉董代收撥轉嗣經崇德鄉董呈請改歸
自收當由本公署指令俟舊歷年終結束之時再行雙方訓
令撥歸自收並經出示曉諭各在案茲該鄉董又以崇德鄉
為無理爭捐呈請仍照舊章辦理等情查東西窰地址久經

前委員根據糧串劃清張數呈報核准指令遵照在案何以再事爭執若謂六張之中何名何姓查該鄉與崇德係屬鄰鄉不妨彼此接洽即照前委員劃定西窰之張數徵收捐項似無影響於學款之處仰仍遵照前領佈告辦理勿再意氣用事為要切切此令

諫壁鄉董事王紹沂

丹徒縣知事倪曾鑒

中華民國八年二月十五日

諫壁鄉農會上縣公署函

縣長大人鈞鑒謹稟者頃據窰戶倪瑞祥等稱諫壁學堂收取窰捐全因感情上起見於區域無關今崇德鄉硬欲將身

等西山六窰之捐撥充該鄉學堂經費心實不甘茲具有公
稟一扣伏祈轉呈　縣長鑒核等情伏思學捐一事廷傑未
便干預惟當日勸籌窰捐當由廷傑發起為此不辭越俎將
倪瑞祥等之原稟隨文附呈仰乞　詧核

諫壁鄉農會正會長楊廷傑

具稟諫壁鄉西窰商民倪瑞祥馬炳堯邵浩堂等為認捐有
因未便擅更仰祈轉呈詧核事竊商民前在諫壁鄉認繳學
捐全由感情上起見礙難推辭詎崇德鄉欲將此項窰捐撥充
該處學堂經費真屬不近人情商民惟知十三區之人任十
三區之地與七區毫無交涉今一旦忽欲將商民等所有六

窑之捐撥歸該鄉經收商民等未便承認且只聞勸輸不聞
勒取況商民等特不願繳七區耳與抗捐不同該鄉更何得
用強迫手段甚至朦請提追為此公請農會長轉詳縣公署
仰求　縣長大人鈞鑒俯准將商民等六窑之捐仍照舊章
充諫壁學堂經費實為公便此呈
中華民國八年三月二十一日

丹徒縣公署批

呈悉此項窑捐前以兩鄉爭執當由本署派員查明根據糧
串劃清窑址迭經佈告在案該民等自應照分別繳納窑捐
純係義務無與感情何得藉詞延宕所請無庸再議此批

中華民國八年四月二日

崇德農會上縣公署呈

為無理爭執請予駁斥事竊敝鄉崇德與諫壁鄉窰捐照界各收一案業經　鈞署切實佈告敝鄉董事正在遵照進行詎諫壁鄉董王紹沂藉詞朦呈謂西窰九張全屬於崇德而諫壁又何有三張不思此三張者以未呈驗糧串之故暫行假定屬該鄉耳該董既有此疑何不徑以糧串證明之乎該董恐一經證明則此三張者亦將失之也故又強詞奪理謂糧串為不足憑不思徒邑一十七區界址自前明劃清之後據以造串歷數百年之久相承無異若謂此為不足憑更憑

何物以為區界之標準耶幸蒙縣長明鏡高懸予以批駁此在該鄉已可無詞矣不意又唆使窰戶具禀交由該鄉農會長為之轉呈所稱各節更屬離奇即如所謂商民惟知十三區之人住十三區之地與七區毫無交涉云云其言竟忘卻自身所執糧串明明為七區而非十三區也又如稱不願交捐七區云云此如租人之屋者不願繳租與執業者等耳尚何理由之可言其非窰民之意出於該董所唆使昭然無可疑矣若如該董之大欲敝鄉一切自治事宜勢必竟歸其掌管而後乃快然如其所望則敝鄉何必獨立為一鄉又何必設此贅瘤之鄉董也敝鄉人民均以敝鄉董事前此之讓步

轉滋該鄉無理之爭端不勝憤悶敝會長以此難安緘默特就其立言之謬點陳請　縣長鈞鑒依據定案嚴加駁斥毋令若輩屢有瀆陳實為公便謹呈

丹徒縣知事倪

崇德鄉農會會長陳學庚

中華民國八年三月二十八日

丹徒縣公署批

呈悉查此案前據窯户倪瑞祥等呈請將窯捐仍舊全歸諫壁徵收前來當以此項窯捐前因該兩鄉爭執即由本署派員查明根據糧串劃清窯址迭經佈告在案該民等自應遵照分別繳捐須知納捐純係義務無與感情何得藉詞延宕

所請應無庸議批明揭示在案仰即知照此批

中華民國八年四月二日

崇德上縣公署呈

為違抗佈告呈請提懲事竊敝鄉窯捐一案前奉 鈞署一月二十八日佈告內開該窯户所納學捐應照本署前定界限由八年二月起分別繳納屬於崇德六户即繳由崇德鄉董經收毋得違延等因奉此敝董當將印發佈告分給該六窯實貼并諭該窯户遵照在案乃該窯户陽奉陰違一再藉詞延宕敝董時派人前往勸諭並親往開導不止一次該窯户任催罔應膽稱奉到諫壁鄉董面諭不准向崇德繳納捐

款并稱奉有諫壁鄉董收條為憑云云伏思　鈞署佈告後諫壁鄉董曾於二月間無理瀆呈一次又唆使該窯戶遮稟一次均蒙　鈞署批駁指令該董仍遵照前頒佈告辦理等因該董安有明抗佈告仍行自收膽敢給與收條之理如果竟有此等情事應俟撤董查實以後再行專呈請予懲處惟此次該窯戶延不繳捐已及半年萬無再聽違抗之理並訪聞此次全係東窯之人從中作梗亦俟查明何人再請專案提懲刻下應請　縣長先行立提西窯戶邰正興霍五馬炳堯三戶即日到案嚴予訊懲勒限繳捐俾學款有著而儆此後之效尤實紉公誼謹呈

丹徒縣知事倪　　崇德鄉董事王思爍

中華民國八年七月一日

丹徒縣公署指令

呈窰户違抗佈告伏乞飭提嚴懲由　呈悉已予飭傳訊問

矣此令　　崇德鄉董事王思爍

丹徒縣知事倪曾鋆

中華民國八年七月二日

崇德鄉窰户具結

窰户邵正興霍五馬炳堯寶結得身等以前欠繳捐款交歸

勸學所自八年陰歷六月初一日起遵示繳歸崇德鄉公用

所具切結是實

中華民國八年七月四日

崇德窯捐牘存終

西石城陳麟年校

崇德窰捐牘存序

吾鄉與諫壁爭窰捐前後達五年積牘滋多鄉人錄其要者以備始末此非獨以其為都鄙之史而重之也吾友羅田姚彥長晉圻曰周官太史序事之法頒之於官府都鄙其受法者即都鄙之史古者生子則閭史書之二十五家為閭閭尚有史都鄙可知鄉土地理之不講亦有可憂者焉夫以一鄉之董而於一鄉之地名漫無所考至以指路石碑為崇德諫壁兩鄉界碑謂區域內並無所謂荼蘼港者是則大可異也吾嘗見丹徒旱災徵信錄矣其於丹徒鎮局下明有荼蘼港支滿兩道之文並註明其工長六百一十丈土四千三百三十九方五尺一寸其事在光緒壬辰年間鄉董所聞見之世也且墨印之

崇德窰捐牘存序　一　橫山草堂

本家有其書鄉董豈不之知乃以越界爭捐之故不惜並其名而沒之意亦傎矣復引而上之謂其名徵之邑志問之土人又無所得也而不知嘉慶丹徒縣志載明渡泥小溝港在諫壁鎮通半舟橋止係一五圖地界卷二山水門此在勘界員已明徵邑志謂茶蘼係渡泥音訛蓋足以關其口矣勘界員又云半至橋係半舟橋之字誤此則未必然令此橋上有石額刻字云重建半至橋嘉慶四年孟冬月日立諫壁同善堂孫天賓監造是嘉慶初年即作半至橋修志者未及往勘遂寫作半舟耳至余往來丹徒諫壁道經此港詢於芻蕘謂自郡守王可莊仁堪開浚河溝茶蘼之名始傳十口不能更溯其源吾意太守必以考諸方志而知是港之名渡泥鄉人不得其字遂作茶蘼若再尋其最古之名則

秦之徒兒浦也藝文類聚引京口記云縣城東南大路過長岡五里得屠兒浦者諸屠兒居此小浦因以為名也葉廷珪海錄徒兒浦在丹徒秦始皇將徒人過此因名至順志卷七徒兒浦在城東二十里今自丹徒沿河而東至會音寺上高岸迤而東一帶之地名長崗頂嘉慶丹徒志卷二長崗在丹徒鎮東南一里自東陂而下遂至半至橋與京口記所謂過長岡得屠兒浦者正相合矣屠兒為徒兒之變文其名為徒者蓋即赭衣徒三千之徒太平寰宇記卷八十九引吳錄地理云秦始皇使赭衣徒三千人鑿長坑敗其勢改云丹徒至順鎮江志卷七引潤洲類集云秦始皇三十七年使赭衣徒三千鑿京峴東南壟元和郡縣志卷二十五云秦鑿破長隴秦使徒人過此者殆為鑿渠築城二事吾邑漕渠水始於秦至順志已證明之吾又

橫山草堂

以為築城者相傳丹徒鎮為秦縣治所在今長崗之北有村為章家蕩吾嘗見張氏宗譜謂長崗古名為土城頭當是十口相傳之語此足以證成吾之說矣蓋其字在秦本作徒兒音讀如徒倪雖一變改作屠兒然宋元之世纂邑乘者固仍作為徒兒至順志卷二澗壁橋徒兒橋並在大慈鄉注云二橋見祥符圖經後至嘉慶時乃變為渡泥最後光緒間始有荼蘼之作蓋文已經四寫矣華其音未之有改也此於輿地雖為一方之小名吾得就其音近之字而審其殊文之沿革並資之以榷史而為吾邑得秦時一大故實是亦錄存官牘時為之愉快者也已未孟冬月十日丁亥橫山鄉人識於見山樓

佛地考證三種

橫山艸堂

敘

余自光緒丁未以浭陽端公之招淹於金陵嘗就石埭楊仁山先生雜問佛學余喜治大唐西域記於其所記經行苦多茫昧先生示我英人恭甯翰斐師遊蹟圖注釋今地甚詳余付湘潭楊生自榮卓茂迻錄其概略未能通譯也時江南諸山寺以事來甯者多與余往還欲有所陳於浭陽亦以余爲之擯介常州天甯寺治開刻經之舉其議倡之於余其首及慈恩傳西域記二書亦從余之說也其時京口山僧如六澥濟南峯屏青權諸師每來省中輒止余盋山館中過從尤密焉適友人王君壽萱錫祺清河人以仁和丁益甫西域記地理考證示余其書於英人恭氏之說多所援據而亦有糾正之處余讀而好之舉以示青權青權屬余爲之雕播且引灝然上

人海州雲台山住持爲漢碑出泉之助余高其義因益以丁氏佛國記求經記二地考證並付之剞氏名曰佛地考證三種云辛亥刻竣以後輦板歸來忽忽八九年始爲印行略記其緣起於此焉歲在上章涒灘甲申月初四日丁未丹徒陳慶年敘於傳經堂之見山樓

佛地考證三種

目錄

佛國記地理考證一卷

宣統辛亥
橫山艸堂

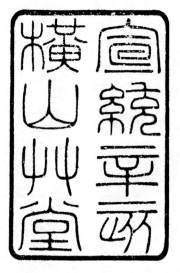

晉釋法顯佛國記地理攷證

仁和丁謙益甫氏纂

法顯昔在長安慨律藏殘缺於是遂以宏始二年歲在己亥與慧景道整慧應慧嵬等同契至天竺尋求戒律初發跡長安度隴至乾歸國夏坐夏坐訖前行至耨檀國度養樓山至張掖鎮張掖大亂道路不通張掖王慇懃遂留爲檀越因與智嚴慧簡僧紹等邀便共夏坐坐訖復進到燉煌有塞東西可八十里南北四十里共停一月餘日燉煌太守李浩供給度沙河沙河中多惡鬼熱風遇則無一全者上無飛鳥下無走獸徧望極目欲求度處莫知所擬惟以死人枯骨爲標識耳行十七日計可千五百里得至鄯善國其地崎嶇瘠薄從此西行所經諸國類皆如是住此一月復西北行十五日到

僞夷國原注即焉耆住二月餘日此國遇客甚薄智嚴慧簡慧嵬遂返高昌欲求行資法顯等蒙苻公孫供給遂得直進西南行路無居民涉行艱難在道一月五日得到于闐其國豐樂人民殷盛慧景道整慧達先發向竭叉國法顯等欲觀行像停三月日既過四月行像僧紹先隨胡道人向罽賓法顯等進向子合國在道二十五日便到其國住此十五日於是南行四日入葱嶺山到於麾國安居又行二十五日到竭叉國與慧景等合其國當葱嶺之中自葱嶺以前草木果實皆異惟竹及安石榴甘蔗三物與漢地同耳從此西行向北天竺在道一月得度葱嶺葱嶺冬夏有雪又有毒龍若失其意則吐毒風雨雪飛沙礫石遇此難者萬無一全彼土人即名爲雪山人也度嶺已到北天竺始入其境有一小國名陀歷順

嶺西南行十五日其道艱阻崖岸險絶其山惟石壁立千仞臨之目眩欲進則投足無所下有水名新頭河昔人鑿石通路施旁梯者凡度七百度梯已躡懸絙過河河兩岸相去減八十步渡河便到烏萇國烏萇國是正北天竺也地有彌勒菩薩像立於佛泥洹後三百餘計在周平王之時

長安今陜西西安府治時爲後秦姚氏所據宏始即姚興年號其二年乃晉安帝隆安二年也今鳳翔府爲古隴西地乞伏乾歸據隴右稱西秦王故曰乾歸國又禿髮傉檀在河西稱涼王故曰傉檀國養樓山在涼州永昌縣西北張掖鎮今甘州府張掖王當即段業時新取張掖由建康徙都之故大亂燉煌縣在嘉峪關外安西州西二百七十里沙河身今黨河在燉煌縣西鄯善漢代國名其時猶存

在今羅布泊東南國之北有庫穆塔格戈壁爲古白龍堆南有阿斯騰塔格山烏彝國即漢焉耆大唐西域記作阿耆尼原註舊曰烏耆今喀喇沙爾境高昌國在土魯番地新唐書于闐國或曰瞿薩旦那亦曰涣那曰屈丹北狄曰于遁諸胡曰豁旦今和闐直隸州治是也罽賓漢國名爲北印度本若及克什米爾等地子合亦漢小國在今葉爾羌南裕勒里克地於摩國即魏書權于摩摩與麾形近致訛此國距于闐祇四日程揆其地望當在今沙昔都爾一帶魏書謂故烏秅國殊謬烏秅在蔥嶺西即下文竭叉距此須二十五日行竭叉蓋烏秅轉音爲今拉達克境故從此西行即向北天竺道也陀歷者鉢盧勒也攷魏書由鉢和向烏萇有二道其一西北行歷波知商彌而至烏萇即惠生所

行之路一西南行經鉢盧勒順印度河歷旁梯懸渡而至烏萇即此記所載之路今法顯由陀歷西南行則陀歷爲鉢盧勒無疑鉢盧勒魏書作波路唐書作大小勃律今稱博羅爾西圖轉音爲巴爾庫勒特在幾勒幾河南與印度河相會處新頭河即印度河烏萇伽藍記作烏場西域記作烏仗（原作伏誤）那云其王治曹揭釐城英人恭甯翰攷曹揭離即今阿富汗所屬加非利斯坦之曹哥拉城在赤道北三十四度五十分偏西四十四度三分余所見地圖未有此名以經緯度核之蓋即班治城地惟西域記又云由城東北逆上信渡河行千餘里至達麗羅川即烏仗那舊都川中大伽藍有慈氏（即彌勒）菩薩像據此知法顯至此時其國都尚在達麗羅川故地今克什米爾西北過印度河有

一小水西來殆達麗羅川水南有城曰斜倭即烏仗那舊都地故渡新頭河已便到其地正有彌勒像與西域記脗合

慧景道整慧達三人先發向佛影那竭國法顯等住此國夏坐坐訖南下到宿呵多國從此西（原作東誤）下五日行到犍陀衛國是阿育王子法益所治處自此東行七日有國名竺刹尸羅竺刹尸羅漢言截頭也佛爲菩薩時於此處以頭施人因以爲名復東行二日至佛投身餧餓虎處從乾陀衛國南（當作東南）行四日到佛樓沙國昔膩伽王起塔高四十餘丈壯麗威嚴無比佛鉢即在此國寶雲僧景只供佛鉢便還慧景慧達道整先向那竭慧景病道整住看慧達一人還於佛樓沙相見而慧達寶雲僧景遂還秦土由是法顯獨進向佛頂骨所

西當作西北行十六由延便至那竭國界醯羅城中有佛頂骨精舍從此北行一由延到那竭國城城東北一由延到一谷口有佛錫杖亦起精舍供養西行有佛僧伽梨精舍城南半由延有石室博山山西南向佛留影其中去十餘步觀之如眞佛形轉近轉微住此過冬二月法顯等三人南度小雪山山冬夏積雪山北陰中過寒暴起人皆噤戰慧景口出白沫語法顯云我不復活便可時去勿得俱死於是遂終法顯撫之悲號復自力前得過嶺南到羅夷國住此夏坐坐訖南下行十日到跋那國從此東行三日復渡新頭河兩岸皆平地過河有國曰毗茶佛法興盛從東南行減八十由延到一國國名摩頭羅又經捕那河河邊左右佛法轉盛凡沙河以西天竺諸國國王皆篤信佛法從是以南名爲中國中國寒暑調

和人民殷樂無戶籍惟耕王地者乃輸地稅去住自便王不用刑有罪惟罰其錢隨事輕重

宿呵多在烏萇南不知爲今何地但由宿呵多至犍陀衛國必是西下五日此作東誤犍陀衛西域記作健馱羅在阿富汗都城喀布爾東南圖作干達馬克竺刹尸羅及佛投身餧虎處均當在干達馬克東南山間佛樓沙西域記作跋虜沙即魏書小月支所都富樓沙今爲英屬白斯哈那城一作俾石洼一作白沙威爾在喀布爾河南岸由延印度里名佛書作由旬每一由延合中國十六里零那竭國西域記作那揭羅曷即今加非利斯坦之喀大里城醯羅城在其南小雪山阿富汗志載亞力山大東征時既至阿拉庫西亞又抵一積雪不毛之地即哈斯那喀布爾間之高原也又言哈斯那積雪由冬至春分向不盡融今西蘇里曼山一作西司

拉孟山在喀布爾南此山高度雖亞於喀布爾北之大雪山然其巔常有積雪故曰小雪山法顯度山應當卽白瓦里山口過此南行至羅夷國羅夷恭攷卽西域記漕矩吒其都城曰鶴悉那爲今喀布爾西南喀斯那城跋那國在羅夷南十日程當卽今基達城由此又東行三日渡新頭河道里亦合其渡處當在什克普爾東蘇庫爾城地知法顯渡印度河不在本若西境而在此處者以法顯自渡河後直抵捕那河境中間不經過他河故也毗茶國在印度河東岸必卽今克爾普爾城也摩頭羅在毗茶東南千餘里卽今馬特拉城捕那河今稱朱木拏河自是以南名爲中國卽唐書摩揭陀轄境今英屬西北部地

自渡新頭河至南天竺迄於南海皆平坦無大山川止有河

水從此東南行十八由延有國名僧伽施佛往忉利天爲母
說法來下處法顯住龍精舍夏坐訖東南行七由延到罽饒
夷城城接恒水去城西六七里恒水北岸佛爲諸弟子說法
處渡恒水南行三由延到一林名訶梨從此東南行十由延
到沙祇大國佛在此嚼楊枝刺土中卽生長七尺不增不減
從此南行八由延到拘薩羅國舍衛城波斯匿王所治城也
城南千二百步卽祇洹精舍城西五十里到一邑名都維是
迦釋佛生處般泥洹處從舍衛城東南十二由延到一邑名
那毗伽是拘樓秦佛所生處從此北行減一由延到一邑是
拘那含牟尼佛所生處從此東行減一由延到迦維羅衛城
中如荒邱民戶數十家而已有白淨王故宮是佛爲太子時
生處從佛生處東行五由延有國名藍莫此國王得一佛舍

利還卽起塔今已爲寺從此東行三由延太子遣車匿白馬還處亦起塔從此東行四由延到炭塔亦有僧伽藍從此東行十二由延到拘夷那竭城城北雙樹閒希連河邊世尊於此北首而般泥洹皆起塔有僧伽藍從此東南行十二由延到諸車梨欲逐佛般泥洹處自此東行五由延到毗舍離國其北大林爲佛住處及阿難半身塔從此東行四由延到五河合口阿難在河中央入火光三昧而般泥洹分身爲二各起塔渡河南下一由延到摩竭提國巴連弗邑是阿育王所治凡諸中國惟此國城邑爲大民人富盛競行仁義年以建卯月八日行像阿育王壞七塔作八萬四千塔最初所作大塔在城南三里餘從此東南行九由延到小孤石山山頭有石室從此西南行一由延到那羅聚落從此西行一由延至

王舍新城是阿闍世王所造有舍利塔高大嚴麗出城南四里南向入谷五山周圍狀如城郭即蓱沙王舊城其中空荒無人住入谷搏山東南上十五里到耆闍崛山未至三里有石窟南向佛本於此坐禪西北三十步復有石窟阿難於中坐禪曰雕鷲窟山峯秀端嚴是五山中最高顯止一宿還向新城出舊城北行三百餘步道西有伽藍陀竹園精舍又西行五六里山北陰中有一石室名車帝佛泥洹後五百阿羅漢結集經處出舊城北東下三里有調達石窟從此西行四由延至伽耶城內亦空荒復南行二十里到菩薩本苦行六年處從此西行三里到佛入水洗浴攀樹枝出池處又北行二里得彌家女奉佛乳糜處從此北行二里佛於大樹下石上東向坐食糜處從此東北行半由延到一石窟石壁上有

佛影長三尺許是佛成道處從此南行三里到一山名雞足迦葉全身在此中住法顯還向巴連弗邑順洹水西下十由延得一精舍名曠野佛所住處復順洹水西行十二由延到迦尸國波羅捺城城東北十里許得仙野鹿苑精舍西北行十三由延有國名拘睒彌東行八由延佛本度惡鬼處

按自渡印度河至南天竺其閒有文德耶山横亙於中文德耶山南東濱近海處有東高痂山西濱近海處有西高痂山水之較大者則有馬呼努的河哥達帷利河哥斯得那河本瑙河科里倫河等皆由西而東入海謂地皆平坦特言其概耳從此東行十八由延至僧伽施蓋從摩頭羅東行非從印度河東行也僧伽施西域記作劫比他英人恭甯翰攷謂卽西北部璊普里城厰饒奚城在僧伽施東

南城接恆水當卽今佛魯克巴的恆水卽安額河西域記作殑伽河唐書作乾陀衞江又作迦毗棃河今稱乾吉思河渡此河東南至沙祇國攷後漢書東離國都沙奇城卽此今沙遮亭普爾南行入由延到拘薩羅國舍衞城此城極有名西域記作室羅伐悉底恭氏攷在西北部巴來支城東六七十里那毗伽邑在舍衞東南當卽今公拉城境迦維羅衞城西域記作劫比羅伐窣堵恭氏攷在西北部烏德東百里藍莫國西域記作藍摩在今哥格拉河北岸其南五十里卽亞薩姆格爾城拘夷那竭城西域記作拘尸那竭羅恭氏攷在哥魯克波兒東百里希連河西域記作阿恃多伐底河今曰哥格拉河毗舍離國西域記作吠舍釐在拘夷那竭東恭氏攷在孟加拉部摩蘇佛普爾西

南七十里五河合口在巴德拿西東普爾城境摩竭提國唐書作摩揭陀一作摩伽陀巴連弗其都城也西域記作波吒釐子昔稱拘蘇摩補羅唐言香花宮城即今孟加拉部巴德拿城王舍城在巴連弗東南西域記作曷羅闍姞利泗荼氏攷在今孟加拉部巴哈爾西南五十里迦耶城西域記言自波吒釐子西南三百里渡尼連禪那河至此即今巴德拿南一百七十里之加雅城也迦尸國波羅捺城西域記作波羅痆斯今西北部班勒那城拘睒彌國在波羅捺西北二百餘里當在恆河東岸今難定爲何地

從此南二百由延有國名達嚫是過去迦葉佛僧伽藍道路艱難法顯竟不得往從波羅捺東行還巴連弗邑法顯本求戒律而北天竺諸國皆師師相傳無本可寫乃至中天竺於

氣

此得一部律是摩訶僧祇眾律佛在世時最初大眾所行也復於此眾中得雜阿毗曇心可六千偈又得一部綖經二千五百偈又得一卷方等般泥洹經可五千偈又得摩訶僧祇阿毗曇故法顯住此三年學梵書梵語寫律道整既到中國見沙門法則威儀可觀遂停不歸法顯本心欲求戒律流通漢地於是獨還順恒水東下十八由延其南有瞻波大國從此東行近五十由延到多摩梨帝國即是海口其國有二十四僧伽藍佛法亦興法顯住此二年寫經畫像於是載商人大舶泛海西南行晝夜十四日到師子國其國在大洲上東西五十由延南北三十由延左右小洲乃有百數統屬大洲法顯住此二年更求得彌沙塞律藏又得長阿含雜阿含復得一部雜藏悉漢土所無者得此梵本已即上商人大船東

下二日便値大風晝夜十三日到一島邊潮退之後見船漏處卽補塞之於是復前大海瀰漫不識東西惟望日月星宿而進若陰雨爲風逐去亦無准當夜闇時但見大浪相搏晃然火色海深無底又無下石住處至天晴乃知東西如是九十日許乃到一國名耶婆提停此國五月日復隨他商人大船賫五十日糧以四月十六日發東北行趨廣州一月餘日夜二鼓遇黑風暴雨商客皆惶怖得至天曉乃已於是天多連陰經七十餘日糧食水漿欲盡商人議言常行可五十日便到廣州今已過多日將無僻耶卽便西北行求岸十二日至長廣郡牢山南界乘小船入浦覓見獵人言此是青州長廣郡界統屬劉家遂遣人往長廣太守李嶷敬信佛法聞有沙門持經像至卽將人至海邊迎接歸郡青州請法顯住一

冬一夏遂便南下向都就諸師出經律法顯自發長安六年到中國停六年還三年達青州凡所游歷減三十國沙河以西迄於天竺衆僧威儀法化之美不可詳說竊惟諸師未得備聞是以不惜微命浮海而還艱難具更幸而得濟故以竹帛疏所經歷欲令賢者同其見聞

達嚫距巴連弗三千餘里已在五印度極南處以地望準之當卽麻打拉薩所屬哥親部瞻波國唐書作瞻博恭氏攷卽今孟加拉部科爾岡城多摩梨帝國西域記作耽摩栗底一作多摩梨靬在孟加拉加爾格達西南三百餘里今圖作達蒙德哈其轉音也地在海濱故法顯卽由此航海囘國師子國西域記作僧伽羅卽印度南錫蘭島錫蘭東所遇一島當是尼科巴拉羣島之一耶婆提國卽魏書

南蠻傳婆利國今婆羅洲是也廣州今廣東省城晉地理志長廣郡屬青州今平度州地牢山即勞山在萊州即墨縣南統屬劉家蓋時晉末國權盡入劉裕故也南下向都謂由青州南行至今江甯府地東晉以後皆建都於此

原跋

是歲甲寅晉義熙十二年歲在壽星夏安居末迎法顯道人既至留供東齋因講集之際重問游歷其人恭順言輒依實由是先所略者勸令詳載顯復具叙始末自云顧尋所經不覺心動汗流所以乘危履險不惜此形者蓋是志有所存專其愚直故投命於不必全之地以達萬一之冀於是感歎斯人以爲日今罕有自大教東流未有志身求法如顯之比然後知誠之所感無窮否而不通志之所獎無功業而不成成

夫功業者豈不由忘其所重重夫所忘者哉
按此跋無名氏當出於東晉都城僧侶之手

晉法顯佛國記地理攷證終

西域水經記地理考證一卷

宣統辛亥

横山艸堂

魏宋雲釋惠生西域求經記地理攷證

仁和丁謙益甫氏纂

有燉煌人宋雲與惠生向西域取經凡得一百七十部皆大乘妙典初發京師西行四十日至赤嶺卽國之西疆也赤嶺者不生草木因以爲名其山有鳥鼠同穴鳥雄鼠雌自爲陰陽發赤嶺西行二十三日渡流沙至吐谷渾國路中甚寒多饒風雪惟吐谷渾城左右煖於餘處從吐谷渾西行三千五百里至鄯善城其城立王爲吐谷渾所吞今城內主是吐谷渾第二息寧西將軍總部落三千以禦西胡從鄯善西行一千六百四十里至左末城城中居民可有百家土地無雨決水種麥從左末城西行一千二百七十五里至末城城旁花果似洛陽惟土屋平頭爲異從末城西行二十二里至捍麼

城城南有大寺三百餘衆僧從捍麼西行八百七十八里至于闐國于闐國境東西三千餘里神龜二年七月二十九日入朱駒波國人民山居五果甚豐風俗言音與于闐相似文字與婆羅門同其國疆界可五日行徧八月初入漢盤陀國界西行六日登葱嶺山復西行三日至鉢猛城三日至不可依山其處甚寒冬夏積雪山中有池毒龍居之自此以西山路欹側危坂千里懸崖萬仞極天之阻實在於斯自發葱嶺步步漸高如此四日乃得至嶺依約中夏實半天矣漢盤陀國正在山頂自葱嶺以西水皆西流入西海城東有孟津河東北流向沙勒葱嶺高峻不生草木是時八月天氣已寒北風驅雁飛雪千里九月中旬入鉢和國高山深谷嶮道如常國王所住因山爲城人民服飾惟有氈衣地土甚寒窟穴而

居風雪勁切人畜相依國之南界有大雪山朝融夕結望若玉峯十月初旬入嚈噠國土地庶衍山澤彌望居無城郭游軍而治以氈爲衣隨逐水草夏則隨涼冬則就溫不識文字禮教俱闕年無盈閏月無大小用十二月爲一歲受諸國貢獻南至牒羅北盡敕勒東被于闐西及波斯四十餘國皆來朝貢王居大氈帳方四十步周圍以氈數重爲壁王著錦衣坐金牀王妃亦著錦衣垂地三尺使人擎之觀其貴賤亦有章服四夷之中最爲强大不信佛法多事外神殺生血食器用七寶去京二萬餘里十一月初入波知原作斯誤國境甚狹七日行過人民山居其國有水昔日甚淺後山崩絕流變爲二地毒龍居之多有災異雪有白光照耀人眼令人閉目茫然無見十一月入賒彌國漸出葱嶺土田嶢崅民多貧困峻路

危道人馬僅通有一直道從鉢盧勒國向烏場鐵鎖爲橋縣虛爲度下不見底旁無挽捉倏忽之閒投軀萬仞是以行者望風謝路十二月初入烏場國北接葱嶺南連天竺土氣和煖地方數千民物殷阜城外水東有佛曬衣處年歲雖久彪炳若新卽直條縱明見至於細縷亦彰水西有池龍王居之池邊有寺世人名龍王寺城北十八里有如來履石之跡履處若踐泥量之不定或長或短其南二十步佛嚼楊枝植地今成大樹城北陀羅寺浮圖高大去王城東南山行八日如來投身餓虎處城南百餘里如來剝皮爲紙折骨爲筆處西南五百里有善持山甘泉美果見於經記山谷和煖山木冬青正光元年四月中旬入乾陀羅國土地亦與烏場相似本名業波羅國爲嚈噠所滅遂立敕懃爲王已經二世不信佛

董華

法自恃勇力與罽賓爭境連兵戰鬬已歷三年時跋提國送師子兩頭與乾陀王雲等見之意氣雄猛中國素畫莫參其儀於是西行五日至如來捨頭施人處復西行三日至辛頭大河復西行三里至佛馱沙原作佛沙伏誤城川原沃壤城郭端直民人殷多土饒珍寶風俗醇善其城內外多有古寺西行一日至如來挑眼施人處復西行一日乘船渡一深水三百餘步復西南行六十里至乾陀羅城城東南七里有雀離浮屠西行七日渡一大水至如來爲尸毘王救鴿處惠生在烏場國二年西胡風俗大同小異不能具錄至正光二年二月始還天闕

是帙見魏楊衒之洛陽伽藍記乃雜採惠生行記及道藥傳宋雲家記而成本無書名因魏本記有西域求經語姑

以標首雖二人足跡僅至北印度烏場乾陀羅等國不逮法顯元奘游歷之遠然道途所經山川城邑風土人情亦足與佛國記大唐西域記互證參觀惟鋪叙靈蹤彼教所重無關地學節之

按魏書孝明帝神龜元年胡太后遣使者宋雲與比丘慧生如西域求佛經出魏境西行再朞至乾陀羅國得佛書百七十部而還此即記所言事也時魏都洛陽發京師由洛陽起程也赤嶺新唐書地理志鄯州西南二百里至赤嶺即唐與土蕃分界處其地亦有鳥鼠同穴蓋不獨鞏昌府西渭源縣之鳥鼠同穴山也吐谷渾城攷魏書吐谷渾傳樹洛干子拾寅始立邑於伏羅川迨拾寅孫夸呂自號可汗都伏俟城在青海西十五里攷神龜間夸呂尚未立

是吐谷渾城即伏羅川所立邑也伏羅川爲涅水上源金名博羅充克克河鄯善城本漢鄯善國在羅布泊東南時爲吐谷渾所併故其城主即吐谷渾王第二子左末即且末大唐西域記作沮末左末即沮末轉音其城在羅布泊西濱由此西行經末城捍麼城而至于闐即漢書所謂南道蓋自羅布泊南逆車爾成河西南行故不經焉耆等國與法顯西行時異道與唐僧元奘歸國時則同道也末城即漢時精絕國今車爾成地俄人普市瓦爾游記車爾成地高四千五百尺見有居民六百戶約三千五百口皆傍河兩岸居住距車爾成十五六里有廢城計長四里土人云此城距今已九百年相傳古時尚有一城二千年前早已淪沒云云似所謂末城即此廢城其精絕故城則已淪

設二千年者也捍麼城故漢扜彌國今爲克里雅莊近設于闐縣於此惟未城至此不止二十二里其上當有脫字攷漢書自精絕至扜彌四百六十里朱駒波卽漢西夜魏書作悉居半今葉爾羌西南庫克雅爾地漢盤陀魏書作渴槃陀在葱嶺今阿克塔格地孟津河卽西域記徙多河爲今葉爾羌河南源此河出喀喇闊隆山口經阿克塔格東而東南流故知漢盤陀國在阿克塔格地鉢猛城今布朗薩不可依山卽喀喇闊隆山口乃葱嶺之正脊英人楊阿思班帕米爾游記八月八日發拉達克克什米爾東北大城往沙昔都拉在奇靈卡東南此通葉爾羌商路適中地也過山口四喀喇闊隆尤高距海面萬七千五百尺[illegible]空氣過薄人馬皆憊此爲不可依之實證新唐書言喝盤陀南距懸山卽此鉢和國見

魏書以地望準之當在今拉達克西北斯喀爾多至本治一帶由此至烏場國有二道南道順印度河西南行即晉釋法顯所行之途雖較捷近惟旁梯懸度皆在其閒故惠生等憚其危險改由北道北道逆幾勒幾河西北行過嚈噠王駐牧處即鉢盧勒國境西至波知國即今薩爾拉斯普爾地踰嶺而南過三龍池經賖彌國賖彌唐書作商彌在波知南今喀里庫特地又南稍東始抵烏場烏場佛國記作烏萇西域記作烏仗那都瞢揭釐城今阿富汗所屬加非利斯坦東南有瞢哥拉城是其地也西行五日至如來捨頭施人處即佛國記竺刹尸羅又西行三日至辛頭河此指今阿富汗河非印度河也又西行三日至佛伏沙城即魏書富樓沙佛國記弗樓沙西域記跋虜沙今白斯哈那城

又西行三日渡深水又西行六十里至乾陀羅國乾陀羅在阿富汗國都喀布爾東南今稱乾陀彌或作干達馬克城觀此記由烏場至乾陀羅皆往西行可知佛國記作東下五日之訛

宋雲 魏釋惠生 西域求經記地理攷證終

大唐西域記地理攷證二卷

橫山艸堂

大唐西域記地理攷證凡例

一此及法顯慧生等記皆遊歷印度紀行書之最古者攷慈恩三藏法師傳貞觀十九年法師自印度還見帝於洛陽宫廣問彼事因令作記以示未聞師奉敕後偕大總持寺沙門辯機譯述成此書凡一十二卷

一卷末有辯機後記謂境路盤紆疆埸回互行次卽書不在排比書行者親遊踐也舉至者傳聞記也故是書雖體屬方輿而仍以奘師行程爲綫索但以奘師傳相對校查記中書至書行多所歧異特爲隨處詳攷以求一是大約傳勝於記

一自晉至唐中國僧徒至印度者不下四十餘人惟師尤爲傑出非特旅行一十七載經歷百三十國見聞之廣

人所不及其更難攀躋者則記誦之賅博詞辯之宏通印度諸師所至傾服終至拘摩羅王戒日王爭相延聘迨曲女城特開法會至者五千餘人請師升座宣言闡發大乘微旨竟十八日無一能駁難者遂受列王優禮法號尊崇辭別之時特豐贐給諸邦傳送儀節無殊此則軼後超前大有光於宗國者矣記中或有未備節錄傳文補之

一師之出遊實冒當時禁例本記敘次以出高昌故地始諱之也然不可不使閱者悉其原由特錄傳文一卷列於簡首

一本紀卷二有總敘五印度疆域風俗制度等事惟於全書體例頗不相合茲摘若干條另附於後以備參攷

一英人蔡甯翰者久居印度著有奘師遊蹟圖將記中各
地逐一註明今爲何城余作攷證亦以蔡說爲藍本閒
有遺漏及方位道里與原文不符者則別爲詳攷而辨
正之
一五印度外蔡氏無攷其最難著手者莫如覩貨邏所分
二十餘邦蓋其地盡在蔥嶺迤西及大雪山北面一帶
國境參錯位置惟艱易藁再三迄未盡合因思封疆沿
革或有不同道路山川必無大異乃先審記中形勢按
其方向里數就今日之通途求古人之遺躅果也各國
所在次第瞭然不但某處踰山某處涉水皆合符節卽
東界某境西接某邦亦朗若列眉凡所攷證可自信其
不誤者十可五六餘如梵衍那鉢露羅達摩悉鐵帝及

波謎羅川大龍池等亦與衆説不同孰是孰非閱者自能辨之

一印度人稱城曰普爾或作波爾汲里婆耳不耳波羅普力又作古耳土耳各耳本記國名有云補羅布邏均亦城解此由譯書人各隨方音故無一定之字特先揭明以便隅反　按歐洲人稱城亦然如英之力弗普爾俄之西巴士特波爾德之盧森不爾厄俄之窩倫不爾厄等皆是至俄都曰彼德保羅保羅亦波羅轉音土耳其都孔士但丁諾潑耳孔士但丁者東羅馬皇名諾爲連屬虛字猶中國之字潑耳亦普耳波耳之異譯姑舉一二以例其餘

一奘師歸程所經自瞿薩旦那以東實爲漢書中南道但當日除媲摩尼壤兩城外餘皆荒寂無人煙視慧生行記境象又異以是知南道廢塞當在魏隋之閒近年新疆立省此道重開自羅布泊西南溯卡牆河至車爾成

又經克里雅和闐西抵葱嶺凡二三千里沿途皆有村堡漢時且末精絶扜彌于闐等國地歷歷可指地運之興廢固有不期然而然者歟別有漢時南道久塞復通攷附漢書中

一記中所載釋教掌故大略與佛國記同而較詳備但本書以地理爲重不暇旁及

一本記攷證所用地圖以六十八幅中外地圖九十四幅中俄交界圖爲主閒以譯法西藏圖參證之

一印度記里曰踰繕那或作由延或作由旬佛經註釋每踰繕那約合中國十六里但彼地土俗則云三十里記中各國封疆道塗里數大都據所傳聞則亦作三十里可知閱者當折半稍羸核算方與經緯度分相合

大唐西域記地理攷證附錄

仁和丁謙益甫氏纂

按大唐西域記一書開端處於奘師家世西行緣起及關內外程途概不敘及突云出高昌故地自近者始曰阿耆尼國初讀甚以爲異及得唐釋慧立所撰慈恩寺三藏法師傳方知師赴印度實冒禁私行故辯機奉敕作此記時不敢顯陳前事但余著攷證不可不使閱者悉其原因特節錄傳文第一卷附於首編

傳云法師諱元奘俗姓陳陳留人以祖康仕齊食邑周南因家焉故又爲緱氏人父慧生四子師次第四幼聰悟不羣備通經典其第二兄先出家住東都淨土寺師亦度爲僧與兄同止寺有景法師講涅槃經執卷服膺遂忘寢食又學嚴法

師攝大乘論愛好愈劇再攬之後無復所遺衆咸驚異因令昇座覆述抑揚剖析備盡師宗時年十三芳聲遠播隋末遭亂從兄至長安遂由子午谷入蜀疊從諸大德遊二三年間究通諸部年滿二十以武德五年於成都受具坐夏㕘部經論研綜既窮更思入京詢問殊旨爲兄留止乃私與商人結侶泛舟三峽至荊州天皇寺衆延說法復北至相州造休法師質難問疑又去趙州謁深法師學成實論乃入長安就岳法學俱舍論皆一徧盡其經旨時有常辯二大德爲上京法匠追隨詢採所有深致亦一拾斯盡法師既徧謁衆師備誌其說大都各擅宗途驗之聖典隱顯有異莫知適從乃誓遊西方以啟所惑并取十七地論以釋衆疑即瑜伽師地論也貞觀三年時年二十有六秋八月將首途適有秦州僧孝達

由京還鄉遂與俱去至秦州停一宿又隨伴至蘭州旋至涼州停月餘道俗請開講涅槃攝論及般若經西番商侶咸爲讚歎知欲西行求法無不預發歡心灑埽而待維時國政尚新禁約百姓不許出番而都督李大亮更逼師還京其地有慧威法師重師志操密遣弟子二人竊送向西於是晝伏夜行得至瓜州刺史獨孤[illegible]聞師至歡喜供養因訪西路或云從此北行五十餘里有瓜𤬪河下廣上狹洄波甚急深不可渡上置玉門關路必由之西境之咽喉也關外西北又有五烽候望者居之各相去百里中無水草五烽之外卽莫賀延磧伊吾國境於是偕一胡人束裝夜發三更至河濱遙見玉門關去關上流十里許兩岸可闊丈餘傍有梧桐樹叢乃斬木布草驅馬而過既過胡人云前途險遠又無水草惟五烽

下有水必須夜到偷水而過一處被覺即死遂辭還因是子然孤行沙漠閒惟望骨聚馬糞而進時遇鬼怪俱不動心行八十餘里至第一烽因隱伏沙溝待夜而發到烽西見水欲取已爲所見因隨上烽見校尉王祥直陳來意祥喜止宿迨曉盛水及麨餅自送十餘里云從此路逕到第四烽主者爲弟子同姓名伯隴亦有善心至彼可言弟子遣師來遂別夜抵第四烽述祥言果即留宿更施大皮囊及馬麥相送云師不須向第五烽此去百里許有野馬泉更取水再去即莫賀延磧磧長八百餘里古曰沙河上無飛鳥下無走獸無水無草顧影獨進心但念觀音菩薩及般若心經逢諸鬼魅發聲即散時行百餘里失道覓野馬泉不得取囊欲飲失手反覆其水由是四夜五日無水霑喉口腹俱燋幾將殞絕不能復

進遂臥沙中靜念菩薩救苦至第五夜半忽有涼風觸身冷快如沐目明體酥馬亦能起得少睡眠夢一大神麾令強行因驚寤行可十里馬忽異路掣之不回經數里忽見青草下馬恣食又得一池水甘澄澈下而就飲命得重全就此停息一日復盛水取草進發更二日方出流沙到伊吾國止一寺中王及胡僧悉來參謁並延至王宮供養時高昌國使人適在其國即歸告其王麴文泰發使來迎停十日使至遂行涉南磧經六日至高昌界白力城日暮欲止使者請復進夜半至王城王即列燭迎入後閣引妃女相參自是盡禮供養屢欲留師弗行師皆不許至絕飲食四日誓死相拒王始任師西行仍留師講仁王般若經一月製造法服給資用馬匹及從行二十五人遣使送信及禮物至葉護可汗衙請其護法

并敕以西諸國給鄔落馬遞送出境又作書二十四封通屈支等二十四國發日王及國人傾城出送所經九國王侯禮重皆如此類從此西行度無半城篤進城後入阿耆尼國舊云鄔耆訛也

陳留漢郡又縣唐隸汴州今城在開封府東五十里緱氏唐縣在今河南府偃師縣東隋東都即今河南府長安今陝西西安府子午谷在西安府南爲入川徑路成都今四川省城三峽在夔州府東長江險要處荆州府屬湖北相州河南彰德府趙州在直隸境秦州在甘肅東南蘭州今甘肅省城凉州在甘肅西北唐瓜州在今嘉峪關外安西州西南瓜𤬪河今曰黨河在敦煌縣境河西有古玉門關遺址今尙存關西五烽以今所設卡

倫地核之第一烽當在巴顏穆倫地二烽當在阿布圖烏魯蘇臺地三烽當在噶順地四烽當在阿集格色爾布騰地五烽當在納木哈烏蘇地蓋鹵磧中非有水泉處人不能居雖不中不遠也由是北行入古白龍堆大漠唐稱莫賀延磧今曰庫穆塔格大戈壁伊吾國唐貞觀六年改設伊州見唐地理志今哈密直隸廳境高昌國都交河城據徐松漢西域傳補註故址在吐魯番城西二十里雅爾湖濱白力城距高昌國都半日程當即今廣安城地攷唐初西突厥正强西域諸國均爲役屬欲往印度非見其葉護可汗不可否則師自阿耆尼抵屈支後正可南出于闐循法顯慧生等故轍乃北踰凌山西沿太清池繞道千百里經千泉呾邏私者以此故耳

鄔落馬猶言驛馬今所稱烏拉者是無半篤進二城無
攷然以地望測之必在托克遜臺西南一帶按奘師傳
備載高昌王文泰待師摯厚師亦心感欲回時再經其
國後竟不果者以師返在貞觀十九年而高昌國已於
十四年爲侯君集討平收其地列爲郡縣也

釋辯機大唐西域記地理攷證卷上

仁和丁謙益甫氏纂

出高昌故地自近者始曰阿耆尼國東西六百餘里南北四百餘里都城周六七里四面據山道險易守衆流交帶引水爲田土宜穈黍粟麥杏棗蒲萄梨奈氣序和暢風俗質直文字取則印度微有增損服飾氎毲斷髮無巾貨用金銀銅錢國無綱紀法不整肅從此西南行二百餘里踰一小山越二大河西得平川七百餘里至屈支國舊曰龜茲

按奘師傳從高昌西行經阿父師泉泉在道南沙崖崖高數丈水自其半而出又經銀山山甚高廣皆是銀礦西國銀錢所從出也阿父師泉地未詳銀山今稱庫木什山庫木什譯言銀唐地理志注西州西南三百四十里至銀山

磧阿耆尼卽漢書焉耆佛國記作傌夷今爲喀喇沙爾城
近改設焉耆府四面據山指其國境蓋東銀山北察罕通
格山西庫勒爾山南呼爾克達也西南二百里踰小山卽
庫勒爾山峽水經注所謂沙山鐵谷關者是越二大河當
以傳言渡一大河爲是以其西惟開都河爲大餘不足稱
大河渡河行平川七百餘里與今至庫車驛道合
屈支國東西千餘里南北六百餘里都城周十七八里有糜
麥粳稻出蒲萄石榴諸果產五金氣候和風俗質伎樂特善
餘同前從此西行六百餘里經小沙磧至跋祿迦國舊曰姑墨又曰亟墨
屈支卽今庫車直隸州近改設鴝兹府唐時舊城在府東
南七十里東川河濱傳言師因淩山雪路未開不得進發

淹停六十餘日小沙磧在和色爾臺東

跋祿迦國東西六百餘里南北三百餘里都城周五六里土宜氣序人情風俗同前國西北行三百餘里度石磧至凌山此葱嶺北原水多東流山谷積雪春夏含凍雖時消泮尋復結合徑途險阻寒風慘慄山行四百餘里至大淸池或曰熱海周千餘里東西長南北狹四面負山衆流交湊色靑味苦洪濤浩汗沿池西北行五百餘里至素葉水城城周六七里商胡雜居以居數十城皆役屬突厥自素葉水城至羯霜那國地名窣利

跋祿迦即漢書姑墨國唐賈躭郡國四夷述言從安西西四百二十里至撥換城一曰威戎州曰姑墨州南臨思渾河唐書作亟墨在庫車西四站今拜城縣地凌山今曰木

素爾達巴罕木素爾冰也達巴罕嶺也由拜城西北至冰
嶺葢瀕木咱喇特河行視從阿克蘇北驛路爲近裴師傳
言淩山險峭峻極於天自開闢以來冰雪所聚積而爲淩
春夏不解登陟艱阻懸釜而炊席冰而寢七日之後方始
出山徒侶凍餒死者十之三四牛馬尤甚大清池在冰嶺
西北賈躭作熱海今稱特穆爾圖泊又曰伊斯色克庫里
素葉水城唐地志注作細葉經行記作碎葉以城濱此水
得名水在泊西今稱大克濱河下游即吹河窣利爲窣堵
利瑟那省文本古時阿母河以北諸地總稱故自素葉水
城至羯霜那國皆有此名

素葉水城西行四百餘里至千泉千泉者地方二百餘里南
面雪山三垂平陸水土沃潤樹木扶疏暮春之初雜花若綺

泉池千所故以名焉突厥可汗每來避暑

千泉地無考以西距呾邏私城一百四五十里計之當在今俄屬庫穆阿雷克地惟自素葉水城至此斷不祗四百餘里據地圖經緯測算相距約五度零當是原文四百餘里上脱卻千字故耳

千泉西行百四五十里至呾邏私城城周八九里諸國商胡雜居南十餘里有小孤城三百餘戶爲突厥所掠中國人居之從此西南行二百餘里至白水城周六七里風土勝呾邏私又西南行二百餘里至恭御城原隰膏腴樹林蓊鬱從此南行四五十里至笯赤建國

呾邏私城唐書突厥傳作呾邏斯又作多邏斯西使記作塔剌寺以在塔拉斯河上故名今稱奥利阿塔白水城在

其西南今爲曼肯特城城濱阿克蘇河阿克蘇譯言白水

也恭御城無攷

笯赤建國周千餘里地沃備稼穡花果繁盛多蒲萄城邑百數各立君長總稱笯赤建國從此西行二百餘里至赭時國

笯赤建卽西遊記賽蘭西使記作賽藍中亞游記作車木干地圖作琛姆罕特

赭時國周千餘里西臨葉河東西狹南北長城邑數十各立君長役屬突厥從此東南千餘里至怖捍國山周四境土田膏腴宜羊馬氣序風寒人性剛勇語異諸國百餘年來無大君長酋豪力競不相賓服西千餘里至窣堵利瑟那國

赭時國卽漢書康居小王蘇薤城晉初康居南遷蘇薤後遂改名者舌赭時者者舌之轉音也隋時稱石國今爲俄

錫爾達利雅省所治塔什干城塔什譯言石干者城也怖捍隋書作鍛汗唐書稱甯遠國其地在喀什噶爾城今改設疏勒府正北山後沖巴噶什布魯特遊牧地以山周四境故其地有大那林河數支之水均入損庫里湖無路流出此國非奘師行程所當經故從附記之例書至不書行餘仿此

窣堵利瑟那國周千四五百里東臨葉河葉河出蔥嶺北原西北流浩汗漂急風土同前王附突厥從此西北大沙磧絕無水草途路彌漫望大山尋遺骨以知所指行五百餘里至颯秣建國唐言康國

窣堵利瑟那卽唐書東曹國言國有率都沙那蘇對沙那劫布呾那蘇都識匿四名卽希臘史所謂索克地阿那也此乃古時阿母河以北諸地總名國境在俄費爾干省內

故浩罕部地本漢之大宛隋時爲曹國所據曹後分爲三國遂以此屬東曹東曹因冒居窣堵利瑟那全地之名稱隋書雖無東曹傳然米國傳中言東去蘇對沙那五百里即東曹也葉河唐書作葉葉河今曰錫爾河中國人稱那林河源出俄費爾干省烏茲根城東南正葱嶺北原西北入大沙磧蓋沿錫爾河西北皆克兹庫穆戈壁地奘師由窣堵利瑟那所屬霍占城南行須越沙漠二百里此云五百餘里者統指赭時至颯秣建路也唐書石國傳西南五百里康可證若窣堵利瑟那都城本非程途所當經此記所言似欠明晰

颯秣建國周六七百里東西長南北狹都城周二十餘里極險固多居人異方珍寶多聚此國土宜稼穡及林木花果出

善馬機巧之技特工氣候和暢風俗猛烈凡諸胡國此爲其中進止威儀遠近取則兵馬强盛戰無前敵從此東南至弭秣賀國唐言米國

颯秣建一作薩末鞬卽魏書薛萬斤皆爲撒馬罕轉音希臘史載索克地阿那都城馬耳坎達卽此隋書言康國都薩寶水上阿祿迪城薩寶水唐書作那密水今曰雜拉敷散河撒馬干城在河南濱

弭秣賀國周四五百里據川中東西狹南北長土俗同前從此北至刧布呾那國唐言曹國

唐書言米或曰彌末曰弭末賀在康國東南百里爲今碁

大普城地記云據川中東西狹南北長形勢亦極相合

刧布呾那國周千四五百里東西長南北狹從此西行三百

餘里至屈霜儞那國唐言何國

刦布呾那卽隋書曹國唐書作西曹但唐書東曹傳並列蘇對沙那刦布呾那等四名觀隋書米國傳知蘇對沙那專屬東曹觀此記知刦布呾那專屬西曹宋子京混而為一誤此國在那密水南東距康百餘里當為今喀喇蘇城地喀喇蘇刦布呾轉音也本記總例親歷者書行國境非行程所當經云西行三百餘里行字誤衍應從奘師傳作又西三百餘里方合

屈霜儞那國周千四五百里東西狹南北長土風同前從此國西至喝捍國唐言東安

屈霜儞那隋書作何國都那密水南城方二里東去曹國百五十里今為卡什稍西北之喀桑城卽漢書大月氏傳

貴霜𨥁侯地貞觀十五年以其地爲貴霜州授其酋爲刺史宋氏新唐書指爲康居附墨王故地謬甚

喝捍國周千餘里土風同前從此國西四百餘里至捕喝國唐言中安

喝捍唐書附安國傳言東安或曰小安曰喝捍在那密水陽東距何二百里許當卽今哈札穆博爾地

捕喝國周千六七百里東西長南北狹土風同前從此國西四百餘里至伐地國唐言西安

唐書安一曰布豁又曰捕喝元魏閒所謂忸密者西瀕烏滸河治阿濫謐原作謐誤城阿濫謐卽史記藍市漢書監氏大月氏故都也布豁捕喝皆布哈轉音今爲布哈爾國宋子京指爲康居小王罽城故地尤謬

伐地國周四百餘里土風同前從此西南五百餘里至貨利習彌伽國

伐地即隋書穆國漢時安息木鹿城地今曰蔑爾甫一作謀夫在阿母河西唐書安國傳伐地亦曰簍斤顯慶時以爲木鹿州今本新唐書脫去伐地二字似亦曰簍斤句指東安言則失伐地一國且果指東安豈得稱木鹿州乎惟貨利習彌伽在伐地西北作西南者誤唐書伐地作戊地亦誤

貨利習彌伽國順縛芻河兩岸東西二三千里南北五百餘里土風同前語言少異

貨利習彌伽唐書火尋傳言或曰貨利習彌曰過利居烏滸水陽東南六百里距伐地西南與波斯接西北抵突厥曷薩乃康居小王奥鞬城地元史作花剌子模今爲基華

國境自弭末賀以下七國均非奘師所親至故不書行字從颯秣建西南行三百餘里至羯霜那國國周千四五百里土風同前從此西南行二百餘里入山路崎嶇危險又少水草東南山行三百餘里入鐵門鐵門者山極峭峻有狹徑而旁石壁其色如鐵既設門扉加以鐵錮遂以爲名出鐵門至覩貨邏國舊曰吐火羅譌其地南北千餘里東西三千餘里東戹葱嶺西接波剌斯南大雪山北據鐵門縛芻大河中境西流自數百年王族絕嗣豪酋力競依川據谷分爲二十七國皆役屬於突厥順縛芻河下流至呾密國東西六百餘里南北四百餘里都城周二十餘里東西長南北狹東至赤鄂衍那國

羯霜那國名亦從漢貴霜翖侯出地在屈霜儞那南今曰卡什圖作加爾支郎西游記之碣石明史之渴石也由颯

秣建往先西南行入山後轉而東南方向亦極脗合鐵門見元史及西遊記圖作達爾般的中亞遊記作得班達爾般得班皆譯言關隘與元史西北地附錄之得爾奔脱同義覩貨邏魏書作吐呼羅隋唐書均作吐火羅但此實地名並非國名東起帕米爾高原西至黑刺特迤南諸山皆在其境內記中云云形勢最確縛芻河卽今阿母河覩貨邏全地古屬大夏漢後隸大月氏元魏閒大月氏改稱嚈噠其王皆覩轄是境蓋月氏爲遊牧種族不慣城居故反以平原封建宗姓而自居山嶺叢雜之閒此等情形皆參證諸史而得之魏隋唐書旣有大月氏及嚈噠傳復立吐火羅傳固屬複沓亦由未悉其分合沿革故也余别有攷附新唐書攷證中當奘師至覩貨邏時嚈噠已將衰亡分

其地爲二十七國值突厥崛興遂爲其所役屬突厥可汗因遣其子弟據活國地以統治全境是活國即覩貨邏之都城也攷奘師傳師出鐵門百里渡縛芻河至活國再由縛喝羅城南行入揭職又東南入大雪山撰此記者似宜先敘活國以次及於揭職梵衍那迦畢試而以呾蜜赤鄂衍那等附書之小國并入於歸程記如是敘次方有片段脈絡亦較分明此記云云不但奘師蹤跡不明而二十七國名或列於前或列於後亦毫無體例呾密國在縛芻河下遊即元史忒耳迷地圖阿毋河北岸基里非城是也

赤鄂衍那國東西四百餘里南北五百餘里都城周十餘里少東至忽露摩國

赤鄂衍那在呾密東當即今舒爾阿巴城地

忽露摩國東西百餘里南北三百餘里都城周十餘里東至愉漫國

忽露摩在赤鄂衍那稍東當卽今薩爾阿巴的城地

愉漫國東西四百餘里南北百餘里都城周十餘里西南臨縛芻河至鞠和衍那國鞠和衍那國東西二百餘里南北三百餘里都城周十餘里東至鑊沙國

愉漫在忽露摩東當卽今科曼郭闌城地鞠和衍那在西南近縛芻河當卽今喀巴丹尼城地

鑊沙國東西三百餘里南北五百餘里都城周十六七里東至珂咄羅國

鑊沙在珂咄羅西當卽今達爾瓦斯部所居呼瑪城地

珂咄羅國東西千餘里南北二百餘里都城周二十餘里東

接葱嶺至拘謎陀國拘謎陀東西二千餘里南北二百餘里據大葱嶺中都城周二十餘里西南鄰縛芻河南接尸棄尼國南渡縛芻河至達摩悉鐵帝國鉢鐸創那國淫薄健國屈浪拏國泗摩呾羅國鉢利曷國紇立瑟摩國曷羅胡國阿利尼國瞢健國自活國東南至闊悉多國安呾邏縛國事在同記活國西南至薄伽浪國薄伽浪國東西五十餘里南北二百餘里都城周十餘里南至紇露悉泯健國

珂咄羅唐書作骨咄言王治思建城多良馬赤豹有四大鹽山出烏鹽卽今棍屯達利雅河南棍特城地棍特者珂咄骨咄之轉音也國境東西長南北狹情形恰合拘謎陀在珂咄羅東爲今阿克蘇河北郎庫里帕米爾地正據葱嶺之中西南與阿母河鄰尸棄尼居大帕米爾境恰在其

南達摩悉鐵帝今爲瓦罕部則在其西南方位形勢均屬相符此節自尸棄尼以下至安呾邏縛計十四國攷俱見後薄伽浪在活國西南當即今普揚城地

紇露悉泯健國周千餘里都城周十四五里西北至忽懍國周八百餘里都城周五六里西至縛喝國

紇露悉泯健在薄伽浪南當爲今和諜畢縛庫沙城地忽懍在西北當爲哥里城地

縛喝國東西八百餘里南北四百餘里北臨縛芻河都城周二十餘里人稱小王舍城城雖固居人甚少土地所產物類極多水陸諸花尤難悉數城西北五十里有提謂城又北四十餘里有波利城從此西南入雪山阿至銳秣陀國

縛喝奘師傳作縛喝羅今曰巴爾黑城縛喝者巴黑之轉

音也此城自古著聞佛教甚盛故有小王舍之名提謂今低瓦里城波利今塔列爾城從此西南入雪山蓋由今撒里普爾南行也

鋭秣陀國東西五六十里南北百餘里都城周十餘里西南至胡實健國

鋭秣陀在縛喝西南爲雪山北麓小國卽今撒里普爾東南札馬爾得城地

胡實健國東西五百餘里南北千餘里都城周二十餘里多山川出善馬西北至呾剌健國

胡實健唐書作護時健在鋭秣陀西南卽今庫什克戍

呾剌健國東西五百餘里南北五六十里都城周十餘里西接波剌斯界

呾剌健在胡實健西北當卽今得拉塔克城地其國爲覩貨邏全境之極西西北近黑剌特城正西則與波斯邊界相連接也上三條乃縛喝西南一路山內之國然皆附記非親歷

從縛喝國南行百餘里至揭職國國東西五百餘里南北三百餘里都城周四五里土地磽确陵阜連屬少花果多菽麥氣序寒冷風俗剛猛東南入大雪山山谷高深峰巖危險風雪相繼盛夏合凍積雪彌谷行六百餘里出覩貨邏境至梵衍那國

揭職在巴爾黑城正南百餘里卽今得哈斯城地奘師從此東南入大雪山蓋由今喀魯爾尼城東南小路行也

梵衍那國東西二千餘里南北三百餘里在雪山中人依山

谷逐勢邑居都城據崖跨谷長六七里北背高巖有菽麥少花果宜畜牧多羊馬氣候寒慄多衣皮毼從此東行入雪山踰越黑嶺至迦畢試國

梵衍那唐書作帆延或曰望衍居斯卑莫運山旁西北與護時健接東南至罽賓西南至訶達羅支與吐火羅連境地寒人穴處王治羅爛城有大城四五水北流入烏滸河此即阿富汗國都喀布爾西北巴曼城地羅爛爲巴曼轉音斯卑莫運山今曰伊拉克斯哥山水北流入烏滸河蓋昆都河發源於此烏滸河亦阿母河別名此記與唐書所敘情形及他國接界方向一一脗合當無疑義黑嶺即喀布爾池北山脈

迦畢試國周四千餘里北背雪山三垂黑嶺都城周十餘里

宜穀麥多果木出善馬異方奇貨多聚於此氣序多寒服兼皮㲲錢幣規模異於諸國王有智勇威懾鄰境統十餘國崇信三寶自此東行六百餘里山谷接連峯巖峭峻越黑嶺入北印度境至濫波國

迦畢試在大雪山南卽今阿富汗國都喀布爾城地此爲印度西北大部有屬國十餘乃唐書不爲立傳轉錄健馱羅所轄婆羅覩邏小邑疏謬甚矣

濫波國周千餘里北背雪山三垂黑嶺都城周十餘里國無大君長附屬迦畢試宜粳稻多甘蔗而少果實氣序漸溫微霜無雪國俗豐樂人性怯弱情懷詭詐動止輕躁從此東南行百餘里踰大嶺濟大河至那揭羅曷國

濫波奘師傳又作藍婆其地蓋在喀布爾東北大山谷中

奇直老河流域法拉直汗城地故行程須越黑嶺

那揭羅曷國東西六百餘里南北二百五六十里山周四境都城周二十餘里役屬迦畢試豐穀稼多花果氣候温暑風俗醇質猛銳驍雄輕財好學崇敬佛法西南二十餘里有小石嶺深澗峭絕瀑布飛流東岸石壁有大洞穴爲龍所居旁有佛影誠感乃見城東南三十餘里有醯羅城周四五里堅峻險固有重閣畫棟花林池沼居人醇質正信從此東南山谷中行五百餘里至健馱邏國舊曰乾陀衛譌北印度境

那揭羅曷佛國記作那竭奘師傳作那揭羅喝即今阿富汗所轄加非利斯坦境喀大里城喀大里者那揭羅轉音也醯羅城在其東南即佛國記佛頂骨城今赤加爾斜奈城地

健馱邏國東西千餘里南北八百餘里東臨信度河都城號布路沙布邏周四十餘里役屬迦畢試邑里空荒居人稀少惟宮城一隅有千餘戶穀稼殷盛花果繁茂多甘蔗出石蜜氣候温暑略無霜雪人性恇怯多有學藝國東南三百餘里至跋虜沙城城東二百里有烏鐸迦漢茶城周二十餘里南臨信度河居人富樂諸方珍異多集於此城西北二十餘里有娑羅覩邏邑從烏鐸迦漢茶城北踰山涉川行六百餘里至烏仗那國舊曰烏孫場或曰烏茶皆譌北印度境

健馱邏魏書作乾陁佛國記作犍陀衞伽藍記作乾陀羅英人恭甯翰攷即阿富汗國都東南乾陀彌城布路沙布邏即乾陀彌東北二十四里布路巴城按乾陀彌地圖作干達馬克布路巴今名札拉拉巴得此本阿富汗著名大

城其居人稀少者以當時大月氏衰孱屢被兵燹故也跋虜沙卽魏書小月氏國都富樓沙城佛國記作佛樓沙今爲英屬白斯哈那城一作俾石洼圖作白沙威爾烏鐸迦漢茶當卽今白沙威爾東北古札里城城南臨喀布爾河曰信度河者互受通稱之例也婆羅覩邏本健馱羅所屬小邑以波儞尼論師製聲明論於此故奘師往遊新唐書特載其名無謂之至且本記明書烏鐸迦漢茶北六百餘里至烏仗那乃謂由婆羅覩邏北行尤疏謬

烏仗那國周五千餘里山谷相屬土瘠少穀多蒲萄產金鐵林樹蓊鬱花果茂盛寒暑和暢風雨順序人性怯懦而詭譎崇重佛法敬信大乘王治曹揭釐城周十六七里居人殷盛

從此東北行二百五六十里入大山至阿波邏羅龍泉卽蘇

槃伐窣堵河之源派流西南春夏飛雪曹揭釐南四百餘里至醯羅山谷水西派逆流東上雜花異果被澗緣崖曹揭釐東北踰山越谷逆上信度河途路危險山谷杳冥或履絙索或牽鐵鎖棧道臨虛飛梁危構椓杙躡磴行千餘里至達麗羅川卽烏仗那舊都也多出黃金及鬱金香川中大伽藍有慈氏菩薩像從此東行踰嶺越谷逆信度河飛梁棧道履危陟險五百餘里至鉢露羅國北印度境國周四千餘里在大雪山閒東西長南北狹多麥豆出金銀國用富饒時惟寒烈人性暴獷薄於仁義禮節從此復還烏鐸迦漢茶城南渡信度河河廣三四里西南流澄清皎鏡汨急漂流中有毒龍若持貴寶奇花及佛舍利渡者船多漂沒渡河至呾叉始羅國北印度境

烏仗那魏書及佛國記均作烏萇伽藍記作烏場若烏茶

則別一國在東印度境新唐書混合爲一謬甚曹揭釐菾攷即加非利斯坦境曹哥拉城在赤道北三十四度五十六分京師偏西四十四度三分按此城地圖不載以經緯度核之即班底城也班底當即曹揭釐合音阿波邏羅龍泉在今塔里城西北即伽藍記所云三龍池蘇伐窣堵河奘師傳作蘇波河唐書作蘇婆羅河今稱蘇瓦特河水西南流入喀布爾河藍羅谷水即赤加爾斜奈城東南流出之水以蘇瓦特河西南流此水折東北與之相合故曰逆非眞逆流也達麗羅川在東北爲其國舊都川即印度河西面支流今斜倭城地佛國記所云旁梯懸渡均在此一帶法顯言過新頭河便到烏萇又載其地有彌勒菩薩像與本記正合可知魏時該國尚居達麗羅川後始遷於曹

揭𢹂耳鉢露羅魏書作波路又作鉢盧勒卽唐書大小勃律今曰博羅爾在幾勒幾河北都雅辛城地圖作巴爾庫勒特攷奘師傳言曾揭𢹂城東北聞說有人登越山谷可千餘里至達麗羅川而其下不載鉢露羅國事知上二地均屬傳聞附記非親至此並書行字係辯機之誤

呾叉始羅國周二千餘里都城周十餘里初屬迦畢試近附迦濕彌羅地稱沃壤稼穡殷繁氣序和平風俗輕勇大城西北有龍池祈禱多應池南三十餘里有塔是如來斷頭施捨處從此東南行七百餘里至僧訶補羅國北印度境

法顯佛國記載犍陀羅東行七日有國名竺刹尸羅竺刹尸羅者漢言截頭也佛爲菩薩時以頭施人於此故名呾叉始羅卽竺刹尸羅轉音惟呾字應作咀字方與竺協奘

師由烏鐸迦漢荼城南渡河至此國境當在今白沙威爾西北拉格爾城地故下文由僧訶補羅還至北界過信度河方至烏剌尸國恭甯翰攷謂卽旁遮普部拉烏爾奔的城非是蓋拉烏爾奔的在印度河東約三百里與所記情形不合

僧訶補羅國周三千餘里西臨信度河都城周十餘里依山據嶺堅峻險固氣序寒人性猛國無君長役屬迦濕彌羅從此復還呾叉始羅北界渡信度河東南行二百餘里度大石門又東行五十里至孤山又東南山行五百餘里至烏剌尸國北印度境

僧訶補羅在呾叉始羅東南七百餘里傍印度河東岸以地望準之當在今馬克察得城境由此本可東南行至礫

迦惟奘師欲至迦濕彌羅故須仍還呾叉始羅再北渡信度河行荼攱謂僧訶補羅即哲蘭穆城亦不相合大石門當在妙喜得列地孤山當在呼唎普爾地

烏刺尸國周二千餘里山阜連接田疇狹隘都城周七八里役屬迦濕彌羅氣候溫和微有霜雪人性剛猛多詭詐從此東南登山履險度鐵橋行千餘里至迦濕彌羅國北印度境

烏刺尸爲東南入迦濕彌羅孔道當即今穆謀發爾阿巴得城地

迦濕彌羅國周七千餘里四境負山山極峭峻雖有門徑亦復狹隘鄰敵無能攻伐都城西臨大河南北十二三里東西四五里宜稼穡多花果出龍種馬及鬱金火珠藥草氣序寒勁多雪少風人性輕僄怯懦國志曰地本龍池有阿羅漢居

此龍遂願施其地惟於西北留一池周百餘里從此西南踰山陟險行七百餘里至半笯蹉國北印度境

迦濕彌羅唐書作箇失蜜元史作乞石迷印度史作卡希米即今克什米爾國本罽賓地其沿革別有專攷國爲昔健馱羅迦膩色迦王結集大乘諸經之處在北印度諸國中佛教最盛奘師傳載師至時爲國王所尊禮因留二年學諸經論唐書言王治撥邏勿邏布邏城西瀕彌那悉多河今都城與國同名亦稱色令那加城西一河發源南山北流入烏拉爾湖即記所謂龍留之池也國都南有皮爾潘札里山谷所謂西南踰山陟險者即此

附佛教流行攷

釋迦文佛妙齡出家三十成道在世說法凡五十年而入

無餘涅槃其大弟子迦葉波阿難等千人集佛平日所說經典彙爲三藏世稱曰上座部同時佛諸弟子及衆僧不預迦葉波公會者別集佛經三藏又益以雜集藏禁呪藏凡五藏世稱曰大衆部厥後二百九十餘年摩揭陀國阿迦輸王（唐言無憂舊曰阿育王訛印度史作阿沙加王）聚集第三次公會搜輯經典頒行南印度諸國爲佛教南宗又一百四年迦膩色迦王（印度史作鉛尼希加印度志作康尼蘇哈郎後漢書大月氏傳貴霜王邱就卻子閻珍膏也）於迦濕彌羅國開四次公會召集僧衆五百人推尊者世友爲首座次第成三十萬頌六百六十萬言爲佛教北宗按南宗多小乘法北宗多大乘法大乘法爲馬鳴龍猛（舊作龍樹訛）耆婆童壽無著世親（舊作天親訛）諸大師所創造大乘成立因指阿迦輸王所集爲小乘惟南宗諸派皆遵循如來舊轍深

不以北宗爲然特當日北宗多高才碩學南宗徒衆不能詰難以故各分界域並行於時西人作古教彙參謂南宗近實北宗多僞蓋北宗於佛教別開門徑妙緒瀾翻而怪誕神奇亦復不可究詰其境界固非南宗所能囿然佛陀本旨背馳者甚多中國自唐以來學士文人每好言大乘法亦喜其辯才無礙非眞皈依彼教也且大乘教旨非天才亮特學問淵深者無以窺藴奥而得其會通當時達摩之徒以極簡易法誘導衆庶其教派遂波靡世界而大乘宗風以絶至今緇流蠢蠢皆以唪經禮懺爲衣食謀求一能稍解經義者竟不可得吾嘗謂佛教得達摩始極盛而衰滅之漸即伏其中不信而有徵乎

半笯蹉國周一千餘里山多疇狹穀稼時播花木繁茂多甘

蔗蒲萄菴沒羅烏談跋羅茂遮等果家植成林珍其味也氣序溫暑風俗勇烈人性質直篤信三寶無大君長役屬迦濕彌羅從此東南行四百餘里至曷羅闍補羅國北印度境

半笯蹉當在今喇札烏里城地恭氏無攷

曷羅闍補羅國周四千餘里都城周十餘里極險固多山阜川原狹隘地利不豐土俗同前役屬迦濕彌羅自濫波至此人多獷悍膚鄙乃邊裔之曲俗非印度之正境自此東南下山渡水行七百餘里至磔迦國北印度境

曷羅闍補羅當即今古者拉特城地恭氏無攷

磔迦國周萬餘里東據毗播奢河西臨信度河都城周二十餘里宜粳稻多菽麥出金銀鍮石銅鐵時候暑熱多風人性暴急言詞鄙褻少信佛法大城西南十四五里至奢羯羅故

城垣堵雖壞基址猶固周二十餘里其中更築小城周六七里居人富饒卽此國之舊都也從此東行五百餘里至至那僕底國（北印度境）

磔迦爲北印度大國卽漢書罽賓迦讀如勤卽與賓音協其地今英屬旁遮普省瀛寰志作本若印度史作本齋或作奔札比其正音當作烹齋皆譯言五河閒毗播奢河今曰比斯河其國都卽拉虎爾城一作拉合爾一作勞爾在拉徵河南奢羯羅城爲其故都卽漢時循鮮城唐地理志載龍朔元年以罽賓國過紇城置修鮮都督府（修鮮卽循鮮二字古通用）過紇者奢羯之轉音也奘師傳言出曷邏闍補羅二日渡旃達羅婆伽河到闍耶補羅城後至奢羯羅城旃達羅婆伽河今支納比河闍耶補羅地未詳

至那僕底國周二千餘里都城周十餘里稼穡滋茂編戶安業國用豐贍氣序温暑風俗怯弱從此東北行百四五十里至闍爛達羅國北印度境

至那僕底印度史作中華巴的蓋印度人稱中華爲至那巴的爲阿巴得省文譯言吉祥攷此名出於迦膩色迦王王爲大月氏族大月氏本居中國西北邊界之昭武城旣得志於印度因立此城以居各屬邦質子特標毋國名稱用爲誇耀印度史謂戰勝中華取其人民居此謬也當其時漢方强盛且國境遠隔安得有戰事此國蔡氏無攷以地望核之當在菲羅斯普爾城境

闍爛達羅國東西千餘里南北八百餘里都城周十二三里宜稼穡多粳稻氣温暑俗剛烈家室富饒從此東北踰峻嶺

經危途行七百餘里至屈露多國北印度境

闍爛達羅恭攱即旁遮普部遮蘭達城

屈露多國周三千餘里山周四境都城周十四五里土宜稼穡華木滋榮既鄰雪山遂多珍藥出金銀赤銅火珠雨石氣序稍寒霜雪微降性剛勇尙義從此北路千八九百里道途危險踰山越谷至洛護那國又北二千餘里經路艱阻寒風飛雪至秣羅娑國亦曰三波訶自屈露多南行七百餘里越大山濟大河至設多圖盧國北印度境

屈露多在闍爛達東北七百餘里揆其國境當在克什米爾東南加的城迆東地因無詳密印度地圖難以確指其地爲喜瑪拉雅山北幹之麓故鄰雪山而山周四境恭氏攱謂即旁遮普部庫爾摩城譯音雖近但城在闍爛達南

與記云東北不合者一其南距設多圖盧七百餘里須越山濟河方至而此相毘連不合者二且與大雪山遠不合者三又地處平原無所謂山周四境不合者四種種鶻突皆由祇期對音不細審上下文義故也洛護那在國北千八九百里當爲今後藏阿里部納庫城見中外輿圖納庫城譯法西藏圖作噶爾渡蓋今阿里酋所都地秣羅娑又在洛護那北二千餘里則阿里西北界之諾和城也見西藏圖上兩國奘師傳不載以皆附記非親歷

設多圖盧國周二千餘里西臨大河都城周十七八里穀稼殷盛果實繁多出金銀珍珠衣服綺靡氣候暑熱風俗敦和崇信佛法從此西南行八百餘里至波里夜呾羅國中印度境

設多圖盧菉攷謂卽旁遮普部翁巴拉城及森姆拉西林

德等地然西面皆不臨大河恐未必確似當以貝刺斯普
爾城地爲近

波里夜咀羅國周三千餘里都城周十餘里宜禾稼菽麥有異稻種六十日而收穫焉多牛羊少花果氣暑熱俗剛猛從此東行五百餘里至秣菟羅國中印度境

波里夜咀羅恭攷今刺日不德部烏爾瓦國西北之科德城地按烏爾瓦地圖作瑙瓦噶爾

秣菟羅國周五千餘里都城周二十餘里土地膏腴稼穡是務菴沒羅果家植成林出細斑氎及黃金氣候暑熱風俗善順從此東北行五百餘里至薩他泥濕伐羅國中印度境

秣菟羅佛國記作摩頭羅恭攷卽西北部馬特刺城黃楙材恆河攷作秣得拉

薩他泥濕伐羅國周七千餘里都城周二十餘里地沃稼盛氣序温暑風俗澆薄家室富饒競爲奢侈深媚幻術多逐利少務農諸國奇珍多聚於此從此東北行四百餘里至窣祿勤那國中印度境

薩他泥濕伐羅恭氏謂卽旁遮普部達內薩爾城按所攷方位不合此國在馬特剌東北當爲今庫拉達巴的城地

窣祿勤那國周六千餘里東臨殑伽河北背大山閻牟那河中境而流都城周二十餘里東臨閻牟那河荒蕪雖甚基址尚固人醕質信外道閻牟那河東行八百餘里至殑伽河源廣三四里東南流入海處廣十餘里波濤浩汗細沙隨流其味甘美彼俗謂之福水渡河東岸至秣底補羅國中印度境

窣祿勤那奘師傳作祿勤那當有脫字國地當在今旁遮

普部南喀納爾城地恭攷謂即那偕爾里城未合殑伽河
據黃楙材恆河攷恆河五源北來者三曰安治士居中東
曰殑伽西曰延那安治士河一名安額河唐書作乾陀衛
江今稱乾吉思河殑伽河佛國記作希連河一統志作岡
噶江今稱哥格拉河延那河佛國記作捕那河本記作閻
牟那河今稱朱木拿河惟本記所云殑伽河核其地段實
指安治士河及其上游分支之水而非指延那河延那河
本記別作阿特多伐底河也

秣底補羅國周六千餘里都城周二十餘里宜穀麥多花果
氣序和暢風俗醇質尙藝學嫺呪術其王戍陀羅種也國西
北殑伽河東岸有摩裕羅城周二十餘里從此北行三百餘
里至婆羅吸摩補羅國北印度境

秣底補羅荼攷即西北部彌魯特城地其北之摩蘇佛普爾西北之蘇哈隆普爾皆其屬地按摩裕羅城當即摩蘇佛普爾

婆羅吸摩補羅國周四千餘里山周四境都城周二十餘里居人繁盛家室富饒土宜稼穡出鍮石水晶氣候微寒風俗剛猛人多逐利學雜正邪此國北境大雪山中有蘇伐刺拏瞿呾羅國出上黃金東西長南北狹即東女國也世以女為王其夫不知政事丈夫惟征伐田種而已宜菽麥多羊馬氣寒慄人躁暴東接土蕃國北接于闐國西接三波訶國從秣底補羅東南行四百餘里至瞿比霜那國中印度境

婆羅吸摩補羅荼攷今西山部庫馬汪城按即地圖呼爾得瓦城蘇伐刺拏瞿呾羅見唐書東女國傳近黃椒材恆

河攷言德列部北境被勒摩城即東女國被勒摩圖作坡里布希特東與西藏界西藏唐之土蕃也時東女國當兼有阿里部地故北與于闐邊境相接三波訶即前屈露多傳之秣羅娑按奘師至此國後當仍還秣底補羅東女乃其附記故復從秣底補羅東南行

瞿毗霜那國周二千餘里都城周十餘里崇峻險固居人殷盛花林池沼往往相間氣序土宜同前風俗醕質多信外道求現在福自此東南行四百餘里至堊醯掣呾羅國中印度境

瞿毗霜那恭攷即西北部蘭木普爾城按此國奘師傳不載或亦附記非親歷

堊醯掣呾羅國周三千餘里都城周十六七里依據險固宜穀麥多林泉氣序和暢風俗醕質翫道篤學多材博識自此

南行二百六七十國渡殑伽河西南至毗羅刪那國中印度境

至醯掣呾邏恭攻卽西北部巴勒里城

毗羅刪那國周二千餘里都城周十餘里氣候土宜同前風俗剛猛少敬佛法從此東南行二百餘里至劫比他國中印度境

毗羅刪那恭攻卽西北部埃杜城按此城地圖未載當卽佛魯喀巴得城

劫比他國周二千餘里都城周二十餘里氣序土宜同前風俗醇和人多學藝從此西北行減二百里至羯若鞠闍國唐言曲女城中印度境

劫比他一作僧伽舍佛國記作僧伽施恭攻卽西北部璊普里城惟記言劫比他西北減二百里至羯若鞠闍國若璊普里則反在羯若鞠闍西北矣然果在何地今亦難確

定

羯若鞠闍國周四千餘里都城西臨殑伽河長二十餘里廣四五里城隍堅固臺閣相望花林池沼光映澄鏡異方奇貨多聚於此居人豐樂家室富饒花果具繁稼穡時播氣序和暢風俗醕質容貌妍雅服飾鮮綺篤學遊藝衺正兼習舊時王城號拘蘇摩補羅唐言花宮後更名曲女城今王尸羅阿迭多本吠奢種父亡兄嗣爲東印度羯羅拏蘇伐剌那國王所害設誓圖報果遂所願威行五印度於是營福樹善每五歲設一無遮大會傾竭府庫以爲施捨歲一集諸沙門辯論學問時王在羯末嗢祇邏國召奘師赴會見曰王勞苦已曰自何國來對曰從大唐國來請求佛法王曰大唐在何方去斯遠近對曰當此東北數萬餘里印度所謂摩訶至那國是也王

曰嘗聞摩訶至那國有秦王天子少而靈鑒長而神武昔先代喪亂率土分崩秦王平定海內風教遐被殊方異域慕法稱臣有秦王破陣樂聞之久矣大唐國者豈此是耶對曰然至那者前王之國號大唐者我君之國稱昔未襲位謂之秦王今已承統稱曰天子風猷大化難以備舉王曰盛哉彼土羣生福感聖主時王將還國設法會於是偕二王數十萬眾由殑伽河南北岸水陸並進經九十日至曲女城於河西大花林中開設會場同時諸國二十餘王率其俊髦沙門及婆羅門羣官兵士等為大會十餘日始散從此東南行六百餘里渡殑伽河南至阿踰陀國中印度境

羯若鞠闍都曲女城即唐書茶鎛和羅城國久亡滅恭攷遺址在西北部科尼普爾城西北一百四十里科尼普爾

一作康普爾當時此國曲女都城蓋在乾吉思河東故記云西臨殑伽河羯羅拏伐剌那國羯末嗢祇邏國均見後按奘師初至此國時僅住三月迨徧遊五印度還戒日王始聞而召見記中敘述不明特將師之游蹤及兩次開會事實節錄傳文附於阿奄荼國後俾閱者略知梗概

附支那非中國通稱辨

近日歐州及日本人著譯諸書每稱中國為支那而中國士夫亦從而和之曰支那支那揆厥由來蓋始於釋辨機大唐西域記惟記所謂支那實專指隋朝並非通稱中國豈意後世沿襲舊文絕不攷其本義之如何斯足異矣按西域記戒日王問元奘來自何國對曰大唐國來王曰大唐在何方對曰當此東北數萬餘里印度所謂摩訶至那

者是也王曰嘗聞摩訶至那有秦王靈鑒神武平定海內大唐國豈此是耶對曰然至那者前王之國號大唐者我君之國稱云云夫至那爲大唐以前國號是專指隋朝而非中國之通稱明甚因其時李唐開國未久印度僻遠雖聞秦王威名猶未知易隋而爲唐故仍呼摩訶至那若至那果爲中國通稱元奘亦何必齦齦致辨乎至那即支那又作脂那英語作齊那支至齊皆隋字轉音那者語尾詞摩訶大也質言之猶曰大隋至新唐書天竺傳始有摩訶震旦語震旦譯言東方摩訶震旦方可爲大中國之通稱蓋不可變易者國名也不相蹈襲者朝名也使當日王稱中國曰摩訶震旦元奘必不致辨今云摩訶至那元奘自不能承認乃唐時已不承認之至那以通稱今日之中國

可乎不可或曰支那之譯義謂秦然中國與印度交通實始漢代印度國語不稱當時之漢遠稱已往之秦于意云何近洪侍郎鈞著元史譯文證補其太祖紀下有曰印度語稱乞䚟（即契丹）曰秦又曰摩訶秦猶云大秦洪氏自註此拉施特增入之語可以攷訂佛書支那之稱余謂此語斷非拉施特所增必後來多桑輩譯拉施特書時所增入也何也各國語言文字卽多殊異其理則同名從主人天下之通義也中國政治統一雖始於秦但與契丹種族攸殊時代暌隔距有毫末之相關而印度人乃稱之曰秦曰大秦譬今日印度對我國使臣不稱爲大淸而以大唐大宋爲稱有是理歟余知拉施特原文必曰印度語稱乞䚟曰金又曰摩訶金猶曰大金無可疑者查此書所謂乞䚟實

指女眞女眞國號曰金遇金人而稱大金猶之遇隋人而稱大隋遇唐人而稱大唐事出一例特多桑輩譯述其書先有支那爲中國通稱之成見橫亙胸中遂疑摩訶金與摩訶支那同義因取語音相近之秦字輾轉比附以成其說彼洪氏者亦同此成見故承訛襲謬更從而爲之詞也今支那二字愈用愈廣竟有六州鐵鑄錯不復可以更正之勢雖然茍有人焉以辯機此記俾之細讀一過或當有啞然自笑者乎

阿踰陀國周五千餘里都城周二十餘里穀稼豐盛花果繁茂氣序調和風俗善順城中有世親菩薩製大小乘諸經論處城西五六里有無著菩薩製瑜伽師地論莊嚴大乘經論中邊分別論處從此東行三百餘里渡殑伽河北至阿耶穆

佉國中印度境

阿踰陀在羯若鞠闍東南六百餘里恆河西南岸當爲今

佛德普爾城東南地無著世親犍馱羅國人爲印度大乘

派中名僧

阿耶穆佉國周二千四五百里都城臨殑伽河周二十餘里

土俗同前從此南行七百餘里渡殑伽河南閻牟那河北至

鉢邏耶伽國中印度境

阿耶穆佉國在阿瑜陀東殑伽河北當爲今蘇爾坦普爾

城南境地

鉢邏耶伽國周五千餘里都城據兩河之交周二十餘里稼

穡滋盛果木扶疏氣候和暢風俗善順多信外道大城東兩

河交廣十餘里土地爽塏細沙彌漫自古諸王凡有施捨莫

不至止號大施場茲戒日王亦在此開會周施五年一舉從此西南入大林中惡獸野象羣暴行旅非多人不能經陟行五百餘里至憍賞彌國舊曰拘睒彌譌中印度境

鉢邏那伽恭攷即今西北部阿拉哈巴城

憍賞彌國周六千餘里都城周三十餘里土沃多種稻及甘蔗天暑熱俗剛猛好學典藝城東有世親菩薩作惟識論處東北七百里有迦奢布羅城爲護法菩薩伏外道處自此北行百七八十里至鞞索迦國中印度境

憍賞彌佛國記作拘睒彌在鉢邏那伽西南五百餘里當爲今賓內城地迦奢布羅在其國東北七百里當爲今班達城地

鞞索迦國周四千餘里都城周十六里穀稼殷盛華果具繁

氣序和暢風俗醇質好學不倦從此東北行五百餘里至室羅伐悉多國舊曰舍衛訛中印度境

鞞索迦在迦畬布羅北百七八十里當卽今赫德彌爾普爾城地

室羅伐悉多國周六千餘里都城周二十餘里荒圮無紀穀稼豐氣序和風俗醕質篤學好善如來在世時鉢邏犀那恃多王唐言勝軍王舊曰波斯匿訛所治國都也城南五六里有逝多林唐言勝林卽佛言給孤獨園國中佛迹甚多從此東行五百餘里至劫比羅伐窣堵國舊曰迦毗羅衛訛中印度境

室羅伐悉多卽佛國記拘薩羅國舍衛其都名也地在鞞索迦東北五百餘里黃楙材恆河攷謂卽烏德部之非薩巴城

釋辯機大唐西域記地理攷證卷上終

釋辯機大唐西域記地理攷證卷下

仁和丁謙益甫氏纂

劫比羅伐窣堵國周四千餘里空城十餘荒廢已甚其內宮城周十四五里基址頗固人跡久稀無大君長城各立主土地良沃稼穡時播氣序無愆風俗和善宮城內有故基淨飯王正殿也側有夫人寢殿卽佛降生處其他佛跡甚多從此東行曠野荒林二百餘里至藍摩國中印度境

劫比羅伐窣堵佛國記作伽維羅衞此國爲如來佛本生地佛涅槃一百年後爲摩揭陀國阿輸迦王所滅至唐初已千餘年故城皆荒圮慕氏攷謂故阯在西北部烏德城東南百里黃氏恆河攷則謂哥祿普爾卽迦維羅衞國未知孰是哥祿普爾地圖作哥爾克普爾然卽下文各國方

向離距核之當以恭說爲近

藍摩國空荒歲久城邑邱墟居人稀曠東百餘里有佛爲太子時出城易服剃髮諸故迹自此東北大林中行其路艱阻野獸羣盜多害行旅出林已至拘尸那揭羅國中印度境

藍摩佛國記作藍莫恭攷在西北部亞薩姆格爾城東北五十里南臨哥伽離河按即地圖哥格拉河此國古時當亦隸劫比羅伐境故有太子初出家故迹

拘尸那揭羅國城郭頹毀邑里蕭條故阯周十餘里居人稀曠城西北三四里渡阿恃多伐底河西岸不遠有娑羅林其樹類槲皮青白葉光潤有四樹特高如來寂滅之所也有精舍作如來涅槃時像北首而臥復大林中行五百餘里至婆羅痆斯國舊曰波羅奈訛中印度境

拘尸那揭羅佛國記作拘夷羅竭恭攷在哥魯克普爾東百里按當在抽普爾城西北地阿恃多伐底河卽佛國記希連河今哥格拉河北南流小水

婆羅痆斯國周四千餘里都城臨殑伽河長十八九里廣五六里閭閻櫛比居人殷盛家多奇貨人性温恭從此順殑伽河東行三百餘里至戰主國中印度境

婆羅痆斯佛國記作伽尸國波羅捺城蓋當時此城爲迦尸那揭所屬未自立國也此卽今西北部班拿勒斯城按此國在拘尸那揭羅西南記與傳均但云大林中行五百餘里不言方向亦一疏漏

戰主國周二千餘里都城臨殑伽河周十餘里居人豐樂邑里相鄰土地膏腴稼穡時播氣和俗醕從此東北渡殑伽河

北印調

行百四五十里至吠舍釐國舊日毗舍離訛中印度境

戰主國在婆羅痆斯東三百餘里當爲今招薩城地其都城蓋北濱恆河故東北渡殑伽河方至吠舍釐也

吠舍釐國周五千餘里土沃茂花果菴沒羅茂遮二果既多且貴氣序和暢風俗質樸都城已頹故址周六七十里宮址周四五里少有居人而多佛迹從此東北行五百餘里至弗栗恃國北人謂三伐恃國北印度境

吠舍釐佛國記作毘舍離恭攷在孟加拉部摩蘇佛晉爾城西稍南七十里

弗栗恃國周四千餘里東西長南北狹土地膏腴花果茂盛氣序微寒人性躁急少敬佛法從此西北千四五百里踰山越谷至尼波羅國中印度境

弗栗恃恭攷在廓爾喀國馬各王不爾東南二百里按馬各王不爾西藏圖作馬克旺布爾在廓爾喀國都加得漫都南稍西

尼波羅國周四千餘里在雪山中都城周二十餘里山川連屬宜穀麥多花果產赤銅犛牛氣候寒冽風俗險詖人性剛獷信義輕薄形貌醜弊邪正兼信城東南有池以火投之水即焰起更投餘物亦變爲火從此復還吠舍釐渡殑伽河至摩揭陀國舊曰摩伽陀摩揭提皆訛中印度境

尼波羅唐書作尼婆羅明史作尼八剌地圖作尼泊爾今爲廓爾喀國或曰巴勒布俗稱白布都城曰加得漫都中國記載稱爲陽布惟記云在弗栗恃西北千四五百里知唐時國境在今廓爾喀西北一帶按奘師傳不載弗栗恃

尼波羅二國知均附記傳聞並非親歷此上吠舍釐條東北行行字及本條復還吠舍釐句皆屬衍文

摩揭陀國周五千餘里城少居人邑多編戶地沃宜稼有異稻粒粗大香味殊勝俗稱供大人米土地暑濕邑居高原孟夏之後仲秋之前平居流水可以泛舟風俗醕質尊敬佛法殑伽河南有故城周七十餘里荒蕪雖久基址尙存號拘蘇摩補羅（唐言香宮城）王宮多花故以名焉其後更名波吒釐子城（舊日巴連弗訛）如來涅槃後百年有阿輸迦王（唐言無憂舊日阿育王訛）自王舍城遷此重築外郭周於故城城西南三百里渡尼連禪河至伽耶城甚險固少居人西南有伽耶山俗稱靈山東渡大河至鉢羅笈菩提山（唐言前正覺如來將證正覺先登此山）又西南十四五里有菩提樹甎疊爲垣周五百步佛座其下成等正覺處東渡莫

訶河百里至屈屈吒播陀山唐言雞足山或稱尊足山峻起三峯爲大迦葉波寂滅之處從此大山中東行百餘里至奢揭羅補羅城唐言上茅宮城在摩揭陀國正中前王所都多出上勝吉祥香茅故名崇山四周以爲外郭西通硤徑北闢山門東西長南北狹周一百五十餘里內城餘址周三十餘里北十四五里有姑栗陀羅矩吒山唐言鷲峯舊曰耆闍崛山訛也如來在世多居此山東北至曷羅闍姑利泗城唐言王舍城亦前王舊都無憂王既遷波吒釐子遂以此城施婆羅門從此東入大山林行二百餘里至伊爛拏鉢伐多國中印度境

摩揭陀佛國記作摩揭提爲五印度自古名國後漸衰弱國境在恆河南跨申河兩岸地波吒釐子佛國記作巴連弗爲當時國都卽今巴達拿城伽邪在巴達拿南百七十

里地圖作加雅尼連禪河在伽耶東莫訶河在尼連禪河東二河皆恆河南境支流東北行入恆河上茅宮城在巴哈爾城西南六十里王舍城在上茅宮城北十里此國爲如來成道處記中所載遺迹甚多又有彌勒佛迦葉阿難舍利子及龍猛馬鳴護法德慧諸菩薩故迹不能備錄玄奘師傳言師初至此國住那爛陀寺師事戒賢和尚學瑜伽師地論服正理論顯揚對法論及因明聲明集量等論兼習婆羅門書印度梵書居寺經五歲迫徧遊諸印度國復還此國又往杖林山勝軍論師處住二年始應拘摩羅王及戒日王之請兩赴盛會然後東裝言旋

伊爛拏鉢伐多國周三千餘里都城北濱殑伽河周二十餘里稼穡滋植花果繁多氣序和風俗質國西界殑伽河南至

小孤山有温泉六七所林多野象從此順殑伽河東行三百餘里至瞻波國中印度境

伊爛拏鉢伐多恭玫即孟加剌部蒙赫爾城按蒙赫爾在巴達拿東奘師傳言師至此國於如來密師子忍二大德處住二年學毘婆沙順正理等論

瞻波國周四千餘里都城北背殑伽河周二十餘里土地低濕禾稼滋盛氣温暑俗醕質古有天女游殑伽河感靈有娠生四子分王瞻部洲各擅區宇建築都邑畫分疆界此爲一子之都贍部洲諸城之始也從此東行四百餘里至羯朱嗢祇羅國中印度境

瞻波唐書作瞻博惟此國地在印度乃列入南蠻傳中誤

恭玫即孟加拉部科爾岡城按此城地圖未載當在蒙赫

原東巴駕爾普爾南贍波當作贍波爾贍卽贍部洲波爾者城也記云此一子之國其他三國不言何在余攷唐書南蠻傳竟盡得之一環王國傳云本林邑也一曰占不勞亦曰占婆占婆卽贍波占不勞卽贍波爾轉音在故越南富春都城南廣南省地一訶陵國傳云訶陵亦曰社婆曰闍婆社婆闍婆卽贍波也今爲荷蘭屬噶羅巴島地一驃國傳云驃古朱波也自號突羅朱闍婆朱波闍婆均卽贍波突羅朱殆其族派之名觀此知佛典所載古事非盡荒渺無稽

羯朱嗢祇羅國周二千餘里土地卑濕稼穡豐盛氣序溫風俗醕敦尚高才崇貴學藝近以王族絕嗣役屬鄰國城郭邱墟人居村邑戒日王遊東印度於此築宮理諸國務至則葺

茅為宇去則焚之自此東渡殑伽河行六百餘里至奔那伐彈那國中印度境

羯朱嗢祇羅恭攷在孟加拉部科喀普爾以東地科喀普爾圖作貝克穆普爾攷上摩揭陀傳此國之王曾殺戒日王兄戒日王因舉兵破滅之以故王族絕嗣役屬於摩揭陀也城郭邱墟亦以遭兵燹故至今又千餘年宜乎遺迹無存矣

奔那伐彈那國周四千餘里都城周三十餘里居人殷盛池館相間土地卑濕稼穡滋繁般𣞁娑果雖多而貴其果大如冬瓜熟則黃赤剖之中有數十小果大如鶴卵又更破之其汁黃赤其味甘美或生樹枝或結樹根如茯苓然氣序調暢人性好學自此東行九百餘里渡大河至迦摩縷波國東印度境

奔那伐彈那恭攷卽孟加拉部普布拿城按此城在恆河下遊將合布蘭瑪普拉河處之北濱自此東渡大河者渡布蘭瑪普拉河也余攷此國當在馬爾答城地恭說不確詳見下羯羅拏國條按奘師傳師從奔那伐彈那國東南行九百餘里至羯羅拏蘇伐剌那又云從此東南至三摩呾吒國知奘師當時並未至迦摩縷波卽三摩怛吒亦在傳聞附記之列並非親歷又傳載師徧游五印度還至摩揭陀住二年餘方應迦摩縷波國拘摩羅王之請特往徧游亦非從奔那伐彈那起行此記所述均舛錯不合

迦摩縷波國周萬餘里都城周三十餘里土地卑濕穀稼時播般擾婆果那羅雞羅果其樹雖多彌復珍貴河流湖陂交帶城邑氣序和暢風俗醇質人形卑小容貌黧黑性甚獷暴

不信佛法王婆羅門種自有疆土已歷千世時拘摩羅王好學人庶從化雖不信佛然敬多學沙門初聞至那國師在摩揭陀殷勤來請師未之從有尸羅跋陀羅論師勸行遂往見焉國東山阜連接無大國都境接西南夷人類蠻獠詳問土俗又兩月行入蜀邊界然險阻沴瘴爲害特甚國之東南野象羣暴故此國象軍特盛從此南行千二三百里至三摩呾吒國東印度境

迦摩縷波唐書作迦沒路恭玟即孟加拉部庫治貝哈城愚按恭說不確上條明言自奔那伐彈那東行九百餘里渡大河至此則國境在布蘭瑪普拉河東無疑庫治貝哈在河西且居普布拿北界形勢方位均不合以地望核之當在今英屬阿薩密部西境哥爾巴拉城地此國之東印

狨夷怒夷諸野番境再東至滇邊騰越廳界云蜀邊者唐時滇隸於蜀也

三摩呾吒國周三千餘里濱近大海地遂卑濕都城周二十餘里稼穡滋植花木繁茂氣序和人性剛好學勤勵邪正兼信從此東北大海濱山谷中有室利差呾羅國次東南大海隅有迦摩浪迦國次東有墮羅鉢底國次東有伊賞那補羅國次東有摩訶瞻波國即唐言林邑也次西有閻摩那洲凡此六國山川道阻不入其境然風俗壤界聲聞可知自三摩呾吒國西行九百餘里至躭摩栗底國東印度境

三摩呾吒恭攷即孟加拉部加爾各搭以東巴利索爾以西地按此說亦不確記言此國在迦摩縷波南千二三百里則當在今布蘭瑪普拉河東布爾羅亞城地若如恭攷

方位既不相符且其地直與躭摩栗底鄰接安得云西行九百餘里乎至巴利索爾圖在加爾各搭西南並不在東語尤舛誤附記六國室利差呾羅當在今折地港地惟折地港處三摩呾吒東稍南云東北者蓋先須東北行乃折而南耳東山西海情形亦合次東海隅之迦摩浪迦當即今阿剌干部地次東之墯羅鉢底見唐書單單國傳第不言何在以本記所載測之當在故緬甸國南祕古部地祕古圖作擺古卽明初古剌國境次東之摩訶瞻波猶言大瞻波殆瞻波四國中長兄所建之邦林邑本秦時象郡屬縣在故越南國廣南郡境次西之閻摩那洲當卽今蘇門答剌臘

躭摩栗底國周千四五百里都城周十餘里濱近海陲土地

卑濕稼穡時播氣序溫暑風俗躁急人性剛勇邪正兼信自此西北行七百餘里至羯羅拏蘇伐剌那國（東印度境）

躭摩栗底佛國記作多摩梨帝又作多摩梨靬恭孜卽孟加拉部躭摩魯克城地圖作達蒙德克波爾在加爾各搭西南約二百餘里近印度洋處昔法顯游印度至此附船航行歸國又恭氏言此卽後漢書東離國但東離爲後漢時大國疆域甚廣所居沙奇城卽佛國記沙祇大國今爲恆河北沙遮亨普爾城此不過南境邊界耳

羯羅拏蘇伐剌那國周四千四五百里都城周二十餘里居人殷盛家室富饒土卑濕宜禾稼花木繁植氣序調和人尚學藝邪正兼信從此西南行七百餘里至烏荼國（東印度境）

羯羅拏蘇伐剌那恭孜卽孟加拉部爾木格城按奘師傳

師自羯朱嗢祇羅東渡殑伽河行六百餘里至奔那伐彈那又東南九百餘里至此國又東南至三摩呾吒觀此知本傳所敘多屬參差不合蓋此國地處奔那伐彈那東南則在躭摩栗底以東乃傳云在其西北方位旣誤且師初游印度僅從此國至三摩呾吒並不言至迦摩縷波迨徧歷五印還至摩揭陀方應拘摩羅王之請而至迦摩縷波也則記所云自奔那伐彈那至迦摩縷波自迦摩縷波至三摩呾吒均出臆撰非師游踐之實迹明矣次序旣紊道里之數自不足憑彼恭氏所攷更無論矣余據奘師傳核之奔那伐彈那在羯朱嗢祇羅東當爲今馬爾答城地此國又在其東南當爲今普布拿城地

烏荼國周七千餘里都城周二十餘里土地膏腴穀稼茂盛

花木繁多氣温俗獷人貌魁梧多信佛法國東南境臨大海濱有折利呾羅城周二十餘里海商遠旅往來中止自此西南大林中行千二百餘里至恭御陀國東印度境

烏茶恭攷在孟加拉部庫台克城東北一百七八十里地新唐書以北印度之烏仗那與烏茶混合爲一誤甚折利呾羅在今支爾開海灣地按奘師傳載師自耽摩栗底西南向烏茶並不從羯羅拏蘇伐剌那至烏茶此亦辯機臆撰之證至恭氏謂羯羅拏蘇伐剌那即蘭木格城則庫台克處其東南與記言西南七百餘里不相背乎

恭御陀國周千餘里都城周二十餘里濱近海隅山阜隱嶙土地卑濕稼穡時播氣序溽暑風俗勇烈形偉貌黑粗有禮義信外道屏佛法從此西南入大荒野深林巨木干霄蔽日

行千四五百里至羯餕伽國南印度境

恭御陀恭攷卽麻打拉薩部根遮木城

羯餕伽國周五千餘里都城周二十餘里稼穡滋茂花果甚繁林藪聯縣動數百里出靑野象鄰國所奇氣候暑熱風俗躁暴人志信義言語輕捷自此西北山林中行千八百餘里至憍薩羅國中印度境

羯餕伽恭攷卽麻打拉薩部羯餕加巴特城按此城地圖作喀林甲巴坦

憍薩羅國周六千餘里山嶺圍繞林藪連接都城周四十餘里土壤膏腴地利滋盛邑里相望人戶殷繁形偉色黑風俗剛猛王刹帝利人崇敬佛法伽藍百餘皆大乘法有龍猛提婆二菩薩遺迹從此大林中南行九百餘里至案達羅國南印

度境

憍薩羅一作胸薩羅荼攷卽中印度拏國中之琛達城按此城在中部比拉爾國境奘師傳言國有婆羅門善解因明師就停月餘日讀集量論

案達羅國周三千餘里都城周二十里號瓶耆羅土地潤沃禾稼豐盛氣序溫暑風俗猛暴國西南行二十餘里至孤山爲陳那唐言童授菩薩作因明論於此以宣揚慈氏卽彌勒佛所製瑜伽師地論從此林野中南行千餘里至馱那羯磔伽國亦名大案達羅南印度境

案達羅荼攷卽中印度所屬尼桑國之空蒙麥特城圖作空模美德在尼桑東南

馱那羯磔伽國周六千餘里都城周四十餘里土地膏腴禾

稼繁盛荒野多邑居少氣候暑濕人貌黧黑伽藍鱗次已多荒蕪存者二十餘多習大乘南有大山爲清辯論師身入巖壁待慈氏成佛處自此西南千餘里至珠利耶國南印度境

馱那羯磔伽恭攷即麻打拉薩部公土爾城奘師傳言於此遇二名僧善解大衆部法因停數月學大衆根本阿順達磨論彼亦就法師學大乘諸論遂結志同行

珠利耶國周二千餘里都城周十餘里居戶寡少羣盜公行國有提婆菩薩與阿羅漢論道處從此南入林野中行千五六百里至達羅毘荼國南印度境

珠利耶恭攷即麻打拉薩部克奴爾城

達羅毘荼國周六千餘里都城號建志補羅周三十餘里土地沃潤稼穡滋豐多花果出寶物氣溫暑俗勇烈深篤信義

高僧博識僧徒萬餘並學上座部法建志補羅爲達磨波羅唐言護法本生所自此南行三千餘里至秣羅矩吒國亦謂枳秣羅南印度境

達羅毘荼恭攷即麻打拉薩部琛加爾普特城圖作琛勒普爾在麻打拉薩城南按奘師傳云建志城即印度南海口向僧伽羅國水路三日可到未去間有彼國三百餘僧來建志城言其國王死人庶飢荒無可依仗故來投止師遂與彼僧七十餘人由西北歸又傳言達羅毘荼南界三千餘里聞有秣羅矩吒國既居海側極豐異寶云云知秣羅矩吒及僧伽羅二國均屬傳聞附記並非親歷本條自此南行三千餘里行字係誤當作自此而南方與書例相合

秣羅矩吒國周五千餘里都城周四十里土田潟鹵地力不滋海渚珍異多聚於此氣序炎熱人多黧黑志性剛烈邪正兼崇不尙游藝惟善逐利國南濱海有秣剌耶山產栴檀伱婆樹狀類白檀性涼冷蛇多附之冬始可伐又有羯布羅香樹松身異葉初采未香乾後折之中有香狀如雲母色如冰雪卽所謂龍腦香也山東布呾洛迦山山頂有池其水澄澈流出爲河入於南海爲觀自在菩薩游居處東北海畔有城聞諸土俗從此入海可三千餘里至僧伽羅國唐言執師子非印度境

秣羅矩吒據恭氏言一本無枳秣羅但云達羅毘荼國都號志補羅按其譯音似卽一地或本係一國誤指爲達羅毘荼國都歟余按恭氏此說誤甚本記明言秣羅矩吒亦謂枳秣羅並不言達羅毘荼有枳秣羅之名且秣羅矩吒

在達羅毗荼南三千餘里安得謂本係一國又達羅毗荼國都號建志補羅非志補羅奘師傳同安得謂按其譯音似卽一地不解此君閲書何以疏忽至此國境當在麻打拉薩部西南模拿巴得城地恭攷謂卽馬都剌城與奘師傳云國居海側形勢亦不相符布呾洛迦山卽普陀山世傳普陀山有三一在印度卽此山一在中國卽定海廳東海島一在西藏卽布達拉山然言普陀者必曰南海此山由印度視之正在南方海濱若中國之普陀則東海而非南海西藏之普陀更無所謂海可知三普陀實緇流附會之談不足信也東北之城可渡海至僧伽羅卽地圖特里琛都爾城

僧伽羅國周七千餘里都城周四十餘里土地肥沃氣序温

暑稼穡花果俱繁人戶殷盛家室富饒形黑性獷或謂國人皆師子遺種或謂有僧伽羅者平羅刹女得國爲王國東南有駿迦山昔如來在此說駿伽經（即楞伽經）國南浮海數千里至那羅稽羅洲洲人卑小長餘三尺地無穀稼僅食椰子洲西浮海數千里孤島東崖有石佛像高千餘尺自達羅毘荼北入林野歷孤城過小邑行二千餘里至恭建那補羅國（南印度境）

僧伽羅即今錫蘭島地此島全境作橢圓形稱東海明珠西人地志言島南北長七百七十里東西廣四百里其國都即今錫蘭首部刊的城（一作坎地）在島之中間那羅稽羅洲即安達曼島西人記此島土番爲世界人類中最細小者統計此種人高度恆不滿四尺而性極兇惡刁頑但其地實在錫蘭島東北非南也石佛島當即明初鄭和所經佛

堂山惟不詳其崑之所在

恭建那補羅國周五千餘里都城周三十餘里土地膏腴禾稼滋茂氣序炎暑人性獷暴從此西北入大林行二千四五百里至摩訶剌侘國南印度境

恭建那補羅恭攷在尼桑國模德古爾城東南百里按模德古爾圖作模得噶耳

摩訶剌侘國周六千餘里都城西臨大河周三十餘里土沃潤禾稼盛氣溫暑俗醕質其形偉大其性傲逸恩仇必報忘身以濟將欲報怨必先告知各披堅甲然後爭鋒臨陣逐北不殺已降兵將失利無所刑罰賜之女服感激自死國養勇士決戰摧鋒復多羣象臨陣馳踐王剎帝利種也謀猷宏遠臣下盡忠今戒日王東征西伐遠近俱賓惟此國不服屢率

衆往猶未能克人知好學袁正兼崇自此西行千餘里渡耐沫陀河至跋祿羯呫婆國南印度境

摩訶剌佗在恭建那補羅西北二千餘里當卽今北日不爾國模都爾城地都城西所臨大河卽記末之耐沫陀河今奇斯得那河上游也　按此下各國據恭氏所攷檢對本記及奘師傳行程方向多不相符如跋祿羯呫婆西北二千餘里至摩臘婆恭謂卽印度爾德哈等城則在東北伐臘毘西北至蘇剌陀恭謂卽桑拿特城則在西南蘇剌陀東北記脫東字至瞿折羅恭謂卽剌日不德羣國中波墨爾城則在西北擲枳陀北至摩醯濕伐羅補羅恭謂卽蘇特剌城則反在南且擲國記末注云南印度境摩國記末注云中印度境是擲在南摩在北明甚而恭氏倒置此皆不

足據之確證況一國位置既誤他國皆因之淆亂故自此至摩醯濕伐羅補羅凡十一國不得不別爲攷定雖未敢云盡確然就記傳本文核之似較爲脗合矣

跋祿羯呫婆國周二千四五百里都城周二十里土地鹼鹵草木稀疏煮海爲鹽恃以爲業氣序暑熱回風飈起俗尙澆薄人性詐浮從此西北行二千餘里至摩臘婆國卽南羅羅國南印度境

跋祿羯呫婆在摩訶剌佗西千里當卽孟買部南班哥德城地班哥德跋祿羯之轉音也國西濱海故以煮鹽爲業呫婆爲瞻波之異譯或其國亦瞻波人所分立特於國名下增此二字以爲標識

摩臘婆國周六千餘里都城周三十餘里據莫訶河東南土

地膏腴禾稼豐盛尤宜菽麥多食餅麨人性善順學藝優深五印度重學者二國西南摩臘婆東北摩揭陀也惟此國所學邪正兼信國志載六十年前其王亦名戒日贍敏仁惠愛育羣生在位五十餘年政行之美史不勝書人民至今思慕自此西南入海交又西北二千四五百里至阿吒釐國南印度境

摩臘婆即瀛寰志略馬盧襪印度史作麥勒華一作馬拉他今孟買部東南捕爾拿城其舊都也國地亦當在此一帶茶玻謂即印度爾等城非但方向不合以前後諸國行程核計尤舛互難通莫訶河即奇斯得那河上源與前摩揭陀條莫訶河異地此國西面隔於連山欲往阿吒釐先須西南越山至孟買灣然後沿海岸西北行孟買灣即所謂海交也惟二國相距似無二千餘里之遠記文或有訛

誤

阿吒釐國周六千餘里都城周二十里居人殷盛珍寶盈積稼穡雖備貿販爲業土地沙鹵花果稀少產胡椒薰陸香氣熱多風人性澆薄貴財輕德從摩臘婆西北行三百餘里至契吒國（南印度境）

阿吒釐在摩臘婆西北當卽今孟買部東如來尼城地國西近海故多業貿販據奘師傳自此西北行三日至契吒國並不云從摩臘婆行以地圖攷之當以傳說爲是

契吒國周三千餘里都城周二十里人戶繁盛家室富饒無大君長役屬摩臘婆從此北行千餘里至伐臘毘國（卽北羅羅國南印度境）

契吒在阿吒釐西北當卽今孟買部北蘇拉特城地國濱

海港故人民繁富

伐臘毘國周六千餘里都城周三十里土地風俗均同摩臘婆家室富饒積財百億者乃有百數遠方奇貨多聚於此自此西北行七百餘里至阿難陀補羅城西印度境

伐臘毘在契吒國北當即今巴羅洽城地國爲康木拜海灣中要埠故多以商致富

阿難陀補羅國周二千餘里都城周二十餘里人戶繁衍家多富裕無大君長役屬摩臘婆土宜氣候亦同從伐臘毘西行五百餘里至蘇剌陀國西印度境

阿難陀補羅在伐臘毘西北當即今巴羅達城地按奘師傳言又西北五百餘里至蘇剌陀不云從伐臘毘西行以方位攷之亦從傳爲長

蘇剌陀國周四千餘里都城周三十餘里西據莫醯河居人繁盛戶多富饒役屬伐臘毘土地斥鹵花果鮮少寒暑雖均風多不靜俗澆性躁不好學藝從伐臘毘東北行原脫東字據傳補入千八百餘里至瞿折羅國西印度境

蘇剌陀在阿難陀補羅西北當即今古直拉德部北境巴特里城地莫醯河在古直拉德海灣東師游此後仍還至伐臘毘乃再向東北行也

瞿折羅國周五千餘里都城號毘羅摩羅周三十餘里土風同蘇剌陀人戶繁富從此東南行二千八百餘里至鄔闍衍那國南印度境

瞿折羅在伐臘毘東北千八百里以地望測之當即專不爾河南戈特羅城地

鄔闍衍那國周二千餘里都城周三十里土風同前人戶殷
富從此東北行千餘里至擲枳陀國南印度境
鄔闍衍那在瞿折羅南當即今狗日音城地
擲枳陀國周四千餘里都城周十餘里土沃稼繁宜菽麥多
花果氣候調暢人性善順從此北行九百餘里至摩醯濕伐
羅補羅國中印度境
擲枳陀在鄔闍衍那東北千餘里當即今拉古葛爾城地
摩醯濕伐羅補羅國周三千餘里都城周三十餘里土風同
前從此迦羅衍羅國復北行經荒野險磧千九百餘里渡信
度大河至信度國西印度境
摩醯濕伐羅補羅在擲枳陀北九百餘里當即今拉日不
德部南拿西拉巴得城地按奘師傳言從此西還蘇剌陀

並不云還瞿折羅且無從瞿折羅北行至信度國事揆度行程次序及道里方向並宜以傳爲是攷詳後

信度國周七千餘里都城號毘苫婆補羅周三十餘里宜穀稼豐粟麥出金銀鍮石及牛羊獨峯駝驢畜之屬又出赤白黑鹽可以爲藥人性剛烈而質直學不好博深信佛法從此東行九百餘里渡信度河東岸至茂羅三部盧國西印度境

信度一作信地在印度河下游一帶今其會城曰海達拉巴乃古希臘王亞歷山得所建然地在河東此所云毘苫婆補羅城在河之西今什克普爾城也

茂羅三部盧國周四千餘里都城周三十里居人殷盛家室富饒役屬磔迦國土田良沃氣序調和風俗質直好學尚德少信佛法從此東北行七百餘里至鉢伐多國北印度境

茂羅三部盧恭攺即旁遮普部木耳丹城地圖作穆里坦或作摹爾坦在折納布河南

鉢伐多國周五千餘里都城周二十里役屬磔迦國多旱稻宜菽麥氣序調適風俗質直人性躁急衺正雜信從信度國西南行千五六百里至阿點婆翅羅國西印度境

鉢伐多傳作鉢伐多羅恭攺即旁遮普部舍阿特城地圖作鄔折遮烏特尼城

阿點婆翅羅國周五千餘里都城號竭鶻濕伐羅周三十餘里西境臨信度河鄰大海濱屋宇莊嚴多有珍寶近無君長統屬信度國地下濕土斥鹵穢草荒茂田疇少墾稼穡雖備菽麥特豐氣候微寒風飈勁烈宜牛羊駝騾人性暴急敬崇三寶從此西行減二千里至狼揭羅國西印度境

阿點婆翅羅茶攷在信地國所屬開治國西北境按開治
印度史作古杞或作叩齒一作咳齒在古直拉德部西北
西南臨大海東北西三面均有海港環繞形似一島故地
土下濕而斥鹵也國西臨信度河故從此西至狼揭羅必
渡河行

狼揭羅國東西南北各數千里都城周三十餘里號窣菟黎
濕伐羅土地沃潤禾稼滋豐氣序風俗同前居人繁盛多儲
珍寶臨大海濱入西女國之路也無大君長據地自立不相
承命役屬波剌斯國自此西北至波剌斯國雖非印度路次附見
狼揭羅茶攷即信地部所屬喀剌直城地圖作喀剌蚩在
印度河西為海口大埠由海道可至波斯

波剌斯國周數萬里都城號蘇剌薩儻那周四十餘里川土

旣廣氣序亦異大抵温也引水爲田人戶饒富出金銀鍮石頗胝（卽玻瓈）水晶奇珍異寶工織大絺細褐氍毹之類多善馬驝駝貨用大銀錢人性躁暴國無禮義文字語言異於諸國少學藝多工伎凡諸造作鄰境所重婚姻雜亂死多棄尸人形偉大齊髮露項衣皮褐錦氎戶課賦稅人四銀錢東境有鶴秣城內城不廣外郭周六十餘里居人甚衆西北接拂懍國境壤風俗同波剌斯亦富饒多珍寶拂懍國西南海島有西女國多女無男拂懍王歲遣丈夫配焉其俗產男皆不舉

自阿點婆翅羅國北行七百里至臂多勢羅國（西印度境）

波剌斯卽波斯魏周隋唐四書俱有傳蘇剌薩儻那爲波斯古都魏書作宿利周書作蘇利隋書作蘇藺洪氏鈞攷謂皆窣魯之異譯在底格里河西濱乃漢時塞魯克王所

築名曰塞魯齊亞一稱西路加河東尙有一城名底西分波斯合兩城爲都故魏書有河經城中南流之語薩儻那或稱阿那彼土方言謂地方也鶴秣城攷後漢書安息東界有木鹿城然唐時木鹿爲西安國地不屬波斯此鶴秣城當指黑剌特言拂懍唐書作拂菻裴師傳作拂撚即西史東羅馬國瀛環志以耶路撒冷爲拂菻誤甚西女國攷見下

附西女國攷

西女國者別於東女國而言也東女國事迹載隋唐二書此記西女國亦附見唐書及裴師傳東女國地據黃楙材恆河攷在印度德列部北境大雪山中今破勒摩邑即其所都蘇伐剌拏瞿呾羅城破勒摩地圖作坡里布希特處

巴勒里城東北是其國固確有可徵矣惟西女人多疑之且隋書言東女國以女爲王男子但任兵役不知政事語尚在情理中若本記言西女國多女無男拂懍王歲遣丈夫配之俗產男皆不舉云云則太不近情況拂懍既歲遣丈夫爲配已不得謂之無男故徐氏瀛環志指爲西里亞譯音之誤至拂懍西南止西治里薩的尼科士三島歐洲歷史並無女子立國於此之說憶數年前滬上刊女子世界報其十一期載有婦人國事言小亞細亞北黑海南濱跨塞爾孟尋河兩岸有婦人所建之國歷史家稱爲阿馬森譯言婦人保護地國中無一男子全以婦人能力組織而成其軍器有一特別之斧名阿馬森斧當日所遺記念標及紀功碑至今尚歷歷在人耳目今攷小亞細亞洲北

有奇悉耳伊爾馬克河卽塞爾孟尋河其河東北流入黑海將入海處東岸有三木森城卽阿馬森轉音蓋當日國都地也據此則所謂西女國者亦實有其事實有其處不盡傳聞之誣妄矣但國境在拂懍東南不在西南海島中而是報所引究不知出於西人何書望通曉歐文者博攷而教益之

臂多勢羅國周三千餘里都城周二十里居人繁盛無大君長役屬信度國其地沙鹵寒風悽勁多菽麥少花果風俗獷暴然知敦信從此東北行三百餘里至阿奮荼國（西印度境）

臂多勢羅據奘師傳在狼揭羅東北七百餘里當卽信度國西南色渾城地恭氏謂卽俾路芝誤俾路芝在狼揭羅西北此在東北俾路芝不在印度界內此明言西印度境

舛戾顯然

阿耆荼國周二千餘里都城周二十餘里無大君長役屬信度國土宜稼穡菽麥特豐花果少草木疏氣序寒人性獷然信三寶從此東北行九百餘里至伐刺拏國西印度境

阿耆荼在臂多勢羅東北三百餘里據傳言從此東行七百餘里至信度國知其國境在當時信度都城西南當即今拉罕拿城地至伐刺拏國在迦畢試南距阿耆荼甚遠而其方向亦非東北均當以奘師傳爲正

余初讀此記頗疑奘師行程既由擲枳陀北至摩醯濕伐多補羅何以必還瞿折羅乃北至信度既由信度歷茂羅三部盧至北印度之鉢伐多何以忽由信度西南行至阿點婆翅羅及狼揭羅既至狼揭羅何以又由阿點婆翅羅

北至臂多勢羅既由臂多勢羅至阿耆荼何以東北九百餘里便能至伐刺拏種種鶻突不勝枚舉迨購得慈恩三藏法師傳始知記中所敘皆紊亂當日行程之次第茲將擲枳陀下傳文節錄如左試與記對校得失自了然矣

師從擲枳陀國東北行九百餘里至摩醯濕伐多補羅

從此西還蘇刺陀（並非還瞿折羅）復西行至阿點婆翅羅

從此西行二千餘里至狼揭羅

從此東北行七百餘里至臂多勢羅

從此東北行三百餘里至阿耆荼

又東北行七百餘里至信度國

從此東行九百餘里渡河東岸至茂羅三部盧

從此東北行七百餘里至鉢伐多羅（傳云停此二年學正量部諸論）

從此復東南還摩揭羅前至此國住那爛陀寺茲復住此寺未幾至般若跋陀羅大德處停兩月諮決聲明因明疑義又往杖林山勝軍論師所首末二年學惟識決擇論意義理論成無畏論不住涅槃十二因緣論莊嚴經論及問瑜伽因明等疑義復還那爛陀寺折服師子光論師著會宗論三千頌又伏順世外道著破惡見論因迦摩縷波國拘摩羅王屢使來請遂往見之

從此東至迦摩縷波國此國前未游至是始涉其境時羯若鞠闍國戒日王征恭御陀還亦聞而來請因語拘摩羅王同行

泝殑伽河至羯朱嗢祇羅國與戒日王相見前記與師問答語均在此時時王特開法會於曲女城發敕告諸國及義解之徒並集聽至那法師之論因由殑伽河水陸並進歷三月

還至羯若鞠闍國五印度中到會場者國王十八諳知大小乘僧三千餘婆羅門及外道二千餘那爛陀寺眾千餘會所先營草殿二各可坐千餘人會日王由行宮盛儀衛往禮佛設食訖別設會牀請法師坐為論主稱揚大乘序作論意宣示大眾言其間有一字無理能難破者請斬首以謝如是竟十八日無人發論王甚歡喜乃飾象施幢請法師乘巡眾告唱曰支那國法師立大乘義破諸異道十八

日來無敢論者普宜知之西國之法凡論勝者如是會散後師辭欲同國王曰弟子在位三十餘年嘗積財寶每五年為七十五日無庶大施今欲作第六會何不暫往隨喜師諾之於是發引

向鉢羅耶伽國之大施場殑伽河在北閻牟那河在南二河會合處作大墠周十四五里時道俗到者五十餘萬人排日大施會訖府庫俱盡並自身衣飾無復留遺然後諸王各將財寶贖王所施衣飾等還以獻王始得服用如故法師乃還王與諸王王厚相餞送以大象一頭金錢三千銀錢一萬供師行費並遣重臣齎書於師所經諸國令發乘遞送終至漢境自發鉢羅耶伽

西南行七日到憍賞彌國國見前記

復西北行月餘歷數國復西北行至毗羅那拏停兩月日即前記毗羅刪拏

復西北行月餘歷數國至闍爛達國都停一月即前記闍爛達羅

西行二十餘日至僧訶補羅見前記

復行二十餘日至呾叉尸羅即前記呾叉始羅在此停七日

又西北至信度大河河廣五六里時迦畢試王在烏鐸迦漢荼城聞而奉迎師因渡河遇風覆舟失經五十夾寄一寺停五十餘日更遣人往烏仗那抄寫訖乃與迦畢試王西北行月餘

至藍婆國境郎前記濫波王遣太子先往敬都人備儀衛迎候王與法師繼發比至

迦畢試國都城道俗數千人見法師歡喜禮拜停一大乘寺時王亦為七十五日無遮大施

復正南行十五日至伐剌拏

攷辯機慧立皆唐初名僧同時奉敕在宏福寺譯新得諸佛經辯機既作西域記慧立亦作奘師傳雖記體與傳不同但既云書行者親遊踐也則亦以奘師行程為全書之脈絡所不解者二人同敘一事何中間參差如此之多竊意辯機作記時承奘師口授頗有遺忘因憚於覆詢遂以已意聯合之致此謬戾若慧立傳文則體例嚴而詞筆簡

覈其所敘地理均確實詳明勝記遠矣故編中多據傳說以正記譌

伐刺拏國周四千餘里都城周二十里居人繁盛役屬迦畢試國地多山林稼穡時播氣序微寒風俗獷暴聞諸土人此國之西與稽姜那接居大山川閒無大君長多羊產善馬其形殊大諸國所稀復西北踰山涉川行二千餘里出印度境至漕矩吒國（亦稱漕利）

伐刺拏恭氏無攷據奘師傳在迦畢試正南十五日行當卽今烏爾根城地又謂由此西北往阿薄健此國記中失載以地望核之當卽今沙爾模特（一作沙喀赤）城地其伐刺拏西界之稽姜那當卽撒爾袞地攷伐刺拏在迦畢試正南漕矩吒東南則其國境自當在阿鞏茶西北斷不得云東

北且相距必數千里斷不止九百餘里至西北距漕矩吒
當不過數百里云二千餘里亦不足據

漕矩吒國周七千餘里都城號鶴悉那周三十餘里或都鶴悉羅城亦周三十餘里並堅峻險固山川嶾嶙疇隴爽塏稼穡時播菽麥滋豐草木扶疏花果茂盛宜鬱金香出興瞿草草生羅摩印度川鶴薩羅城中湧泉流派國人利之以溉田也氣候寒慄霜雪繁多人性輕躁而多詭詐好學多藝日誦萬言然多飾虛談少成事實從此北行五百餘里至弗栗恃薩儻那國

漕矩吒即佛國記羅夷國唐書作謝颶顯慶時自稱訶達羅支今爲阿富汗中部喀斯那城境鶴悉那即喀斯那轉音也其別都鶴薩羅唐書作阿娑儞在喀斯那西南地圖

作阿薩尼城西傍阿爾干達布河阿富汗志言此河灌注之山谷農業頗盛故得溉田之利又言阿富汗冬季之寒以阿拉庫西亞爲尤甚阿拉庫西亞喀斯那高原之古名也

弗栗恃薩儻那國東西二千餘里南北千餘里國都號護苾那周二十餘里土風同前言語有異氣序寒勁人性獷猛從此東北踰山涉川越迦畢試邊城小邑凡數十所至大雪山婆羅犀那大嶺嶺極崇峻蹊徑盤迂巖岫回互盛夏合凍鑿冰而度行經三日方至嶺上寒風淒慄積雪彌谷行旅經陟莫能佇足下望諸山有如培塿贍部洲中斯嶺特高其顛無樹惟多石峯攢立叢倚森然若林又三日方得下嶺至安呾羅縛國

弗栗恃薩儻那傳作佛栗恃國薩儻那國中一國字似衍文此國當即今佛林札里城地東界爲迦畢試北境欲度雪山必先經此奘師傳云從弗栗恃東出至迦畢試境王又爲七日大施又東北一踰繕那（踰繕那即由延一作由旬印度里名）至瞿盧薩謗城始與王別王遣百餘人送度雪山行七日至大山頂登陟艱辛舍騎而步復七日至一高嶺嶺下有村可百餘家遂止宿明發令村人乘山駝引路盡一日方度凌險次日至嶺底尋盤道復登一嶺望之如雪及至皆白石也此嶺最高雖雲結雪飛莫至其表日將昏方到山嶺寒風悽懍莫能正立贍部高山無過此者從西北下經五六日至安呾羅縛婆國觀此知師至雪山凡越嶺三重經二十餘日方得通過攷地圖先至之山頂即庫坦城東

面之山次登之高嶺即諜爾瓦山口後度之最高嶺即哈瓦克山口記所謂婆羅犀那大嶺也然記雖極意描寫不過浮詞藻飾不及傳文詳明確實

安呾羅縛國覩貨邏故地也周三千餘里都城周十餘里無大君長役屬突厥山阜連緜川原狹隘氣候寒冷風雪凄勁人性獷悍俗無綱紀從此西北入谷踰嶺度諸小城行四百餘里至闊悉多國

安呾羅縛傳作安呾羅縛婆國境居雪山大嶺西北當即今阿剌干城地

闊悉多國覩貨邏故地也周三千餘里都城周十餘里風俗同前從此西北踰山越谷度諸城邑行三百餘里至活國

闊悉多在安呾羅縛西北三百餘里當即今喀列蓋城地

活國覩貨邏故地也周三千餘里都城周二十餘里無別君長役屬突厥土地平坦稼穡時播草木榮茂花果繁多氣序調和風俗醕質多信三寶其王突厥也管鐵門以南諸小國遷徙鳥居不常其邑從此東入葱嶺葱嶺者據贍部洲中南大雪山北至熱海千泉西至活國東至烏鎩國東西南北各數千里崖嶺數百重幽谷險峻恒積冰雪寒風勁烈地多出葱故云葱嶺或謂山巒葱翠遂以名焉東行百餘里至曹健國

活國傳作括國國境在雪山北葱嶺西小平麓間今昆都斯城地也攷梁書西域傳有滑國滑活括皆同音字惟梁時滑國實即魏書嚈噠（見南史攷證）嚈噠統轄覩貨羅全境魏書嚈噠傳謂都烏許水南二百餘里蓋即括國地惟嚈噠

魏後漸衰弱北周時王族絕嗣守土各酋據地自主覩貨羅全境遂分爲二十七小國適其間北方突厥驟强盡有錫爾河鹹海迆北各地乘勢南侵嚈噠諸小國力不能禦因爲所脅服歸其役屬於是突厥遣王子居嚈噠舊都以鎭撫之即此記所謂活國也嚈噠突厥皆游牧部族有城郭而不居故遷徙不常

瞢健國覩貨邏故地也周四百餘里都城周十餘里風土同前無大君長役屬突厥北至阿利尼國

瞢健在活國東百餘里當即今貼什勘城地

阿利尼國覩貨邏故地也帶縛芻河兩岸周三百餘里都城周十餘里土風同前東至曷邏胡國

阿利尼在瞢健北跨阿母河南北岸當即今阿素里城地

曷邏胡國覩貨邏故地也北臨縛芻河周二百餘里都城周十餘里風土同前從曹健國東踰嶺越谷行三百餘里至訖栗瑟摩國

曷邏胡在阿利尼東阿毋河南今爲何地難以確攷上二國均非行程所經

訖栗瑟摩國覩貨邏故地也東西二百餘里南北三百餘里都城周十餘里風土同前惟人性暴惡東北至鉢利曷國

訖栗瑟摩在曹健東三百餘里當郎今第三阿爾古城地

鉢利曷國覩貨邏故地也東西百餘里南北三百餘里都城周二十餘里風土同前從訖栗瑟摩國東踰山越川行三百餘里至呬摩呾羅國

鉢利曷在訖栗瑟摩東北非行程所經其地亦難確攷

泗摩呾羅國覩貨邏故地也周三千餘里山川迆邐土地沃肥宜稼穡多菽麥卉果俱繁氣序寒慄人性急暴先本强國爲突厥所侵僅守其境屬城數十各自立主東行二百餘里至鉢鐸創那國

泗摩呾羅譯言雪山下地在訖栗瑟摩東三百餘里當卽今札爾哈穆城地釋典載佛涅槃後六百年漢明帝元年其王曾以兵襲彼迦濕彌羅而據其地故有强國之稱至是僅自保境土而已

鉢鐸創那國覩貨邏故地也周二千餘里都城據山崖上周六七里山川迆邐沙石彌漫土宜菽麥多果實氣序寒冷人性剛猛俗無禮法從此東南山谷中行二百餘里至淫薄健國

鉢鐸創那傳作鐸創那當有脱文國境在泗摩呾羅東二百餘里攷地圖札爾哈穆東有一小城惟未註城名當即其地

淫薄健國覩貨邏故地也周千餘里都城周十餘里山嶺連屬川田狹隘餘均同前從此東南踰嶺越谷狹路危險行三百餘里至屈浪拏國

淫薄健傳作佉薄健在鉢鐸創那東南三百餘里當即察克蘭城地

屈浪拏國覩貨邏故地也周二千餘里土風同前從此東北登山入谷逘路險艱行五百餘里至達摩悉鐵帝國

屈浪拏即唐書俱蘭一作俱羅弩又作俱爛那唐書言其國南大雪山北俱魯河俱魯河圖作科蘭河或作可禮河

科蘭可禮均俱魯轉音亦即屈浪俱蘭俱羅俱爛諸音之異譯要之皆以河爲名而已今有結巴克城正在是河之南其東又與瓦罕部境相接地望並合

達摩悉鐵帝國在兩山間覩貨邏故地也東西千五六百里南北廣四五里狹則不逾一里臨縛芻河盤迂曲折崖阜高下沙石流漫寒風悽懍惟植麥豆少樹林乏花果多出善馬馬形雖小而耐馳涉人性獷悍俗無禮義眼多碧綠異於諸國昏馱多國之都城也踰此國大山北至尸棄尼國尸棄尼國周二千餘里都城周五六里山川連屬沙石徧野多菽麥少穀稼林樹稀疏花果寡少氣序寒慄風俗獷勇多盜竊無禮教從達摩悉鐵帝大山之南至商彌國商彌國周二千餘里山川相間陵阜高下禾稼備植菽麥彌豐多蒲萄產雌黃

鑿巖得之氣候嚴寒風俗醕質自達摩悉鐵帝東北踰山越險行七百餘里至波謎羅川東西千餘里南北百餘里據兩山間寒風悽勁春夏飛雪地鹹鹵多礫石播植不滋草木疏少遂致空荒絕無人止波謎羅川中有大龍池當贍部洲中其地最高水乃澄清皎鏡莫測其深色帶青黑其味甘美池西派一大流西至達摩悉鐵帝國東界與縛芻河合而西流故此以右水皆西流池東派一大流東北至佉沙國西界與徙多河合而東流故此以左水皆東流波謎羅川南越山有鉢露羅國多金銀金色如火自此川中東南路無人煙登山歷險惟多冰雪行五百餘里至朅盤陀國

達摩悉鐵帝唐書作護蜜亦作護侃又作護密多穆天子傳所謂赤烏氏國在舂山西三百里即此地也其國南北

皆高山惟沿瓦罕河（即阿母河上源唐書作烏滸水）一帶稍有田地故東西長而南北狹唐書言護密王居塞迦審城又地理志言顯慶中以護密多國模達城爲鳥飛都督府此記謂都城曰昏馱多名稱雖異大約即今瓦罕酋所居喀喇噴赤城無疑國民眼多碧綠蓋即今乞爾吉思人種（詳漠北三尸大人種攷）尸棄尼唐書言識匿或曰尸棄尼曰瑟匿居播密川山谷分五部謂之五識匿其王所居即今瓦罕東北伊斯利格河濱地詳唐書攷證商彌魏書作賒彌在今阿富汗加非利斯坦東北克里庫特城地大山南者因都庫士山南也波謎羅川即唐書播密川今曰帕米爾河以受諸帕米爾水得名或稱阿爾楚爾河大龍池即薩雷庫里湖亦名大帕米爾湖魏氏指後阿奈山北之喀喇庫里湖爲奘師所經

之大龍池他家或指喀什噶爾西之小喀喇庫里湖爲大龍池均誤此湖在大帕米爾北瓦罕帕米爾東北西人稱帕米爾爲天下之最高原故氣寒少生物人難久居今惟夏令有牧羊人至此秋深卽下山避冬攷英人戈登帕米爾游記湖地高於海平綫一萬四千二百尺東西廣約十英里南北約三英里湖中有温泉水味不鹹湖西水流出處闊十二步深五尺湖東平地漸窄相距十二華里處地高於湖百餘尺有小河南來分兩岔一岔西入湖一岔東流爲阿克蘇河之源余按水之流行因地高下尋常河湖斷無東西並流之理觀戈登所記方明厥故中國之水如湘灕之南北分行運河亦南北分行理皆如是惟此與湘灕之分行出於天然運河之分行成於人爲耳今查地西

一派卽大帕米爾河西南流至瓦罕所都喀喇噴赤東與縛芻河合牠東一派卽伊斯利格河河旁爲唐時五識匿王居地唐書高仙芝傳所謂特勒滿川是也第此河東流合於阿克塔什河又北流仍折而西名阿克蘇河會阿爾楚爾河并入縛芻河與嶺東喀什噶爾境內之水絕不通連當時奘師見向東流行遂臆揣必與徙多河合實屬誤會且徙多河源出朅盤陀境與阿克蘇河相距尤遠則誤之誤也由波謎羅川南越因都庫士山經鉢露羅國卽高仙芝之由播密川南征大勃律道詳唐書攷證鉢露羅國見前由此東南經巴勒提拉達克兩國境越喀喇崑崙山口乃至朅盤陀似不止五百餘里殆五字上脫卻千字乎

朅盤陀國周二千餘里都城基大石嶺背徙多河周二十餘

里山嶺連屬川原狹隘禾稼稀少菽麥爲多林木稀疏城邑空曠人性驍勇能信佛法其王儀容閒雅篤志好學建國以來多歷年所自稱爲漢日天種此國之先葱嶺中荒川也昔有波剌斯王娶婦漢土迎歸至此因亂暫留有天神自日中來與之相會因而有娠遂不敢歸築室建城自立爲國母攝國事生子爲王國有伽藍爲尊者童壽所居尊者呾叉始羅國人博學高行製論數十部並盛宣行經部本師也當時東有馬鳴南有提婆西有龍猛北有童壽號爲四日照世城東南三百餘里有大石崖成二石室各有羅漢入定其中已經七百餘年崖東北山行二百餘里至奔攘舍羅唐言福舍葱嶺東岡四山之中地方百餘頃正中低下冬夏積雪商侶往來苦斯艱險有揭盤陀僧儲積貲財構立館舍自是行人咸蒙賑

給從此東下葱嶺東岡冒寒履險行八百餘里出葱嶺至烏鎩國

朅盤陀魏書作渴槃陀伽藍記作漢盤陀唐書言喝盤陀或曰漢陀曰渴館檀此國漢魏時所無必晉魏以來新立記述其先世逸事當不盡誣其託言漢日天種亦各國興王之成例不足爲怪魏書言其國在葱嶺東朱居波西河經其國東南流以此測之當在今阿格塔什地無疑徙多河唐書作徒多河誤今稱葉爾羌河發源喀喇崑崙山口東徑此國都城而東北流奔攘舍羅在國東南葢即喀喇塔格山口地爲葉爾羌河與哈拉哈什河大分水界乃喀喇庫魯穆大嶺東面山脊故曰葱嶺東岡奘師傳言師在此國停二十餘日復東北行五日塗遇賊避而登山象被

遂溺水死近人謂象溺死於大龍池乃無稽之說

烏鎩國周千餘里都城周十餘里南臨徙多河土地肥沃禾稼殷盛樹林鬱茂花果具繁多白玉黳玉青玉氣序和風雨順人性剛獷多詭詐少廉恥從此北行山磧荒野五百餘里至佉沙國舊曰疏勒乃其成號正音宜云室利訖栗多底

烏鎩國爲產玉之區即漢西夜子合國境今葉爾羌東南庫克雅爾城地玉所出處在其西之密爾岱山蓋山海經所謂峚音密山穆天子傳所謂羣玉山也按奘師由波謎羅川東南行經鉢露羅揭盤陀以至烏鎩與穆王由赤烏氏東南經洋水黑水至羣玉山實同一道

佉沙國周五千餘里多沙磧少壤土稼穡頗盛花果亦繁出細氈氍毹氣候和暢風俗順序人情粗獷文身綠睛從此東

南行五百餘里濟徙多河踰大沙嶺至斫句迦國舊曰沮渠佉沙魏書作渠沙言居故莎車城唐書言疏勒一曰佉沙蓋漢時疏勒莎車各自爲國至北魏乃併合爲一本記注謂疏勒乃其城號因疏勒既併莎車即移都莎車城今葉爾羌城並改國名曰佉沙其舊都稱疏勒者今喀什噶爾城不過爲一屬城之名況師由烏鎩國北行五百餘里至此其爲今葉爾羌更無可疑

斫句迦國周二千餘里都城周十餘里堅峻險固編戶殷盛山阜連屬礫石彌漫臨帶兩河頗貲耕植俗尚詭詐竊盜公行南有大山中多龕室印度沙門時來棲止現有三阿羅漢居巖穴中入滅心定此國多大乘經典十萬頌爲部者凡有十數佛法至處於斯爲盛從此東行八百餘里至瞿薩旦那

國唐言地乳此雅言也俗謂之渙那匈奴謂之于遁諸胡謂之豁旦印度謂之屈丹舊曰于闐者訛

斫句迦舊曰沮渠漢以來史皆未載記言在佉沙東南五百餘里濟徙多河踰沙嶺國境臨帶兩河揆其道里情形當卽今固瑪城地兩河者北桑珠河南披雅爾瑺河兩河皆出蔥嶺東岡東北流入伊斯庫里泊周穆王由崑崙墟北征舍於珠澤卽此泊也

瞿薩旦那國周四千餘里沙磧大半壤土隘狹宜穀稼多衆果出氍毹細氈工績絁紬又產白玉黳玉氣序和暢人性溫恭民庶富饒編戶安業好歌舞音樂儀形有禮崇尚佛法多習大乘西三百餘里有勃伽夷城城東南有河北流國人利用溉田又東三百餘里至媲摩城有媲摩川川東入沙磧行二百餘里至尼壤城周三四里在大澤中澤地濕熱難行惟

趨城乃得通路故往來由之從此東行入大流沙流漫隨風人行無迹遂多迷路往來者聚骸爲記既乏水草又有熱風爲病鬼魅時聞行四百餘里至覩貨邏故國國久空荒城皆蕪圯從此東行六百餘里至折摩馱那故國即沮末城也城郭巍然人煙斷絕復東北行千餘里至納縛波故國即樓蘭地也

瞿薩旦那即漢書于闐元史作斡端今和闐直隸州也勃伽夷城在其西三百餘里當即布什雅莊地城東南北流之河今玉隴哈什河媲摩城今克里雅城近設于闐縣於此漢之扜彌國也唐賈躭郡國述言于闐東三百里有坎城鎮亦即在此媲摩川即唐書建德力河今曰克里雅河尼壤城即今泥雅莊東入大流沙四百餘里至覩貨邏故

國考吐火羅轄境距此甚遠亦未聞吐火羅人立國於此之事斷係傳聞之訛新唐書作故都邏尤顛倒訛脫核其方位道里實漢書精絕境今爲車爾城莊地俄人普舌瓦爾游記言距車爾成西十五六里土人云古時有一城二千年前早已湮沒即此是也折摩馱那即故沮末藏經本作涅末誤洛陽伽藍記作左末唐顯慶初立播仙鎮於此此城魏宋雲等過時尚有百家至是已人煙斷絕據水經注故城在羅布泊西阿耨達水今曰車爾成河東濱今已沈沒入喀喇布朋湖矣攷見漢書納縛波即樓蘭漢書作鄯善國唐地理志蒲昌海即羅布泊南三百里至石城鎮漢樓蘭國亦名鄯善今城址已失以地圖攷之當在占布拉克左近又據奘師傳師至于闐時遣人上表略云奘自貞觀三年八月冒禁

私往天竺求經歷覽周游一十七載今已還至于闐爲大象溺死經本衆多未獲鞍乘以是少停不獲早謁軒陛云云經七八月使還蒙恩命即速來已敕所經諸國遣人資送並令燉煌各官司迎接矣師遂進發自媲摩城經覩貨邏沮末樓蘭諸故國展轉達於本境既至沙州時帝在洛陽宮知師漸近敕留守僕射梁國公房元齡使有司迎待遂倍道而進因帝欲問罪遼濱也貞觀十九年春正月達於京師

記末辯機自跋略云元奘法師道風昭著德行高明學蘊三冬聲馳萬里印度學人咸仰盛德進以徽稱或曰木叉提婆（唐言解脫天）或曰摩訶耶那提婆（唐言大乘天）於是歷覽山川詳記故事歲月遊邁反迹神州請得如來肉舍利一百五十粒金銀

刻檀佛像七軀大乘經二百二十四部大乘論一百九十二部上座部經律論一十四部大衆部經律論一十五部三彌底部經律論一十五部彌沙塞部經律論二十二部迦葉臂耶部經律論一十七部法密部經律論四十二部說一切有部經律論六十七部因明論三十六部聲明論一十三部凡五百二十夾總六百五十七部肅承明詔載令宣譯（機）幸藉時來獲與嘉會並以方志屬之庸才學非博古詞豈能詳惟風土習俗之差封域物產之異性智區品節候炎涼備載簡編審存根實若夫賓儀嘉禮戶口勝兵染衣之儔非所詳紀至於境路盤紆疆界囘互行次卽書不在編比故諸印度散註國末（各國末皆註某印度境）略指封圻書行者親游踐也舉至者傳聞記也或直書其事或曲暢其文追而述之務從實錄貞觀

二十年秋七月

按奘師傳師還長安居弘福寺將事翻譯徵集證義大德一十二人綴文大德九人字學大德一人證梵語梵文大德一人均至如撰西域記之京師會昌寺沙門辯機撰慈恩三藏法師傳之幽州照仁寺沙門慧立皆在綴文九人之列

釋辯機大唐西域記地理攷證卷下

五印度疆域風俗制度攷略

天竺舊云身毒或曰賢豆今從正音宜云印度印度者唐言月也以其土多賢聖導凡覺世如月照臨五印度境周九萬餘里三垂大海北背雪山北廣南狹形如半月區分七十餘國時多暑熱地特卑濕北乃山阜隱軫丘陵潟鹵東則川野沃潤疇隴膏腴南方草木榮茂西方土田磽确里數之稱曰踰繕那（舊曰由旬曰由延曰踰闍那皆訛略）舊傳一踰繕那四十里土俗云三十里經典所載惟十六里城郭多用疊甎牆壁或編竹木崇臺傑構制同中夏餘則或苫草茅或覆甎板以石灰飾壁以牛糞塗地惟僧伽藍頗極奇製隅樓四起重閣三層戶牖榱梁彫鏤圖畫服用氎布外有憍奢邪者野蠶絲也蒭摩者葛之類也顩鉢羅者織細羊毛也褐剌縭者緝野獸毛也俗尚

潔淸每食必先盥灑殘宿不再食器不傳以香塗身稱檀鬱金是也

文字之母四十七言遇物合成隨事轉用音隨人地微有改變惟中印度特爲詳正童蒙先誦十二章七歲後漸授五明大論一曰聲明釋詁訓字二曰巧明伎術歷數三曰醫方明禁呪藥石四曰因明考定眞僞五曰內明究闡因果婆羅門則學四吠陀論（舊曰毗陀訛）一曰壽謂養生二曰祠謂祈禱三曰平謂禮儀占卜兵法軍陣四曰術謂禁呪醫方國重聰穎俗貴高明褒贊既隆禮命亦重故能強志篤學訪道依仁不遠千里羈旅所資行匃以濟不以爲恥如來教理大小二乘居止區別凡諸佛經宣講一部免僧知事二部加上房資具三部侍者祇承四部淨人役使五部行乘象輿六部導從周衛

道德既高旌命亦異又復集衆講論考其優劣其有能闡微言宣揚妙理則馭乘寶象導從如林若夫族姓厥有四流一婆羅門淨行也二剎帝利王種也三吠奢舊曰毗舍訛商賈也四戍陀羅舊曰首陀訛農人也凡兹四姓清濁殊流婣媾不雜婦人一嫁終無再醮

國之戰士驍雄畢選子父傳業遂窮兵術居則宮廬四衞征則奮旅前鋒凡有四兵步馬車象象則被以堅甲牙施利距一將安乘授其節度兩卒左右爲之駕馭車乃駕以四馬兵帥居乘列卒周衞馬軍散禦逐北步軍勇敢充選大楯長戟或刀或劍莫不鋒銳皆世習矣

其俗性雖狷急志甚貞良財無苟得義有餘讓詭譎不行盟誓爲信政教尚質風俗多和重罪無所刑戮常幽囹圄任其

生死犯傷禮義則有劓刖自餘獲咎輸財以贖治獄聽詞不加荆扑

政教既寛機務亦簡戶不籍書人無徭課王田之內大分爲四一充國用祀祭二以封給羣臣三賞碩學高才四用樹福賑施斂薄賦輕各安世業假種王田六稅其一國家營建不虛勞役價値酬之鎭戍征行量事招募懸賞待之

果類異名有曰菴沒羅曰菴弭羅曰末杜迦曰跋達羅曰劫比他曰阿末羅曰鎭杜迦曰烏曇跋羅曰茂遮曰那利薊羅曰般橠娑皆珍人世梨奈桃杏蒲萄石榴甘橘往往間植棗栗椑柿則無聞焉農田所產稻麥尤多蔬菜則有姜芥瓜瓠葷陀茶等至於乳酪膏酥沙糖石蜜芥子油諸餅麨常所膳也魚羊麞鹿時薦胾肴驢牛豕犬凡諸毛羣啖者爲恥蒲萄

甘蔗刹帝利飲也麴櫱醇釀吠奢等飲也沙門婆羅門惟飲果漿不進酒醴食以一器衆味相調手指斟酌略無匕箸惟患病始用銅匙